WISSEN FÜR DIE PRAXIS

Weiterführend empfehlen wir:

Das aktuelle Scheidungsrecht
ISBN 978-3-8029-4067-5

Elternunterhalt: Wann zahlen Kinder für ihre Eltern?
ISBN 978-3-8029-4116-0

Mach die Rente zu deinem Projekt
ISBN 978-3-8029-4128-3

Das Leben ist zu kurz für Riester-Rente
ISBN 978-3-8029-4143-6

So schreibe ich mein Testament
ISBN 978-3-8029-4148-1

Der individuelle Ehevertrag
ISBN 978-3-8029-3489-6

Weitere Titel unter: www.WALHALLA.de

Wir freuen uns über Ihr Interesse an diesem Buch. Gerne stellen wir Ihnen zusätzliche Informationen zu diesem Programmsegment zur Verfügung.
Bitte sprechen Sie uns an:
E-Mail: WALHALLA@WALHALLA.de
http://www.WALHALLA.de
Walhalla Fachverlag · Haus an der Eisernen Brücke · 93042 Regensburg
Telefon 0941 5684-0 · Telefax 0941 5684-111

Finn Zwißler

Geld-Checkliste Scheidung

Richtig handeln im Trennungsjahr
Kosten sparen – nichts versäumen

12., aktualisierte Auflage

WALHALLA Rechtshilfen

Bibliografische Information der Deutschen Nationalbibliothek
Die Deutsche Nationalbibliothek verzeichnet diese Publikation in der Deutschen Nationalbibliografie; detaillierte bibliografische Daten sind im Internet über www.dnb.de abrufbar.

Zitiervorschlag:
Finn Zwißler, Geld-Checkliste Scheidung
Walhalla Fachverlag, Regensburg 2022

Hinweis: Unsere Werke sind stets bemüht, Sie nach bestem Wissen zu informieren. Alle Angaben in diesem Buch sind sorgfältig zusammengetragen und geprüft. Durch Neuerungen in der Gesetzgebung, Rechtsprechung sowie durch den Zeitablauf ergeben sich zwangsläufig Änderungen. Bitte haben Sie deshalb Verständnis dafür, dass wir für die Vollständigkeit und Richtigkeit des Inhalts keine Haftung übernehmen.
April 2022

12., aktualisierte Auflage

Produktion: Walhalla Fachverlag, 93042 Regensburg
Printed in Germany
ISBN 978-3-8029-4149-8

Inhaltsverzeichnis

Sichern Sie Ihre Ansprüche!

Die Zahl der Scheidungen nimmt stetig zu. Eine Scheidung ist heutzutage kein großer Prozess mehr, in dem zwingend schmutzige Wäsche gewaschen werden muss. Das Verschuldensprinzip wurde vor Jahren abgeschafft. Stattdessen wurde das sogenannte Zerrüttungsprinzip eingeführt. Danach wird eine Ehe geschieden, wenn sie zerrüttet ist. Am Beginn der Zerrüttung steht die Trennung, die – von Härtefällen abgesehen – mindestens ein Jahr andauern muss.

Wenn sich Eheleute zur Trennung entschieden haben, hat das vielfältigste Gründe. Oftmals will auch nur einer die Trennung und der andere nicht. Allen Fällen gemeinsam und unabhängig vom Trennungswunsch ist jedoch regelmäßig das Interesse, Ansprüche zu sichern und Geld zu sparen.

Frühzeitig handeln

Dieses durchaus legitime Interesse setzt für seine erfolgreiche Verwirklichung zuerst voraus, dass die Ansprüche bekannt sind. Weiter müssen die Ansprüche dann „festgeklopft“ werden. Denn im Ernstfall zählt vor Gericht nur das, was bewiesen werden kann. Zum Sammeln von Beweisen ist es im bereits eingereichten Scheidungsverfahren meist zu spät. Oftmals führt auch erst ein besonderes Handeln oder eine besondere Situation zu einem Anspruch. Somit kann ein spezielles Verhalten erforderlich sein. Handeln Sie möglichst frühzeitig und nicht erst, wenn Sie vor Gericht stehen!

Bereits im Vorfeld der Scheidung muss damit begonnen werden, die Ansprüche zu sichern. Dies geschieht am besten zu einem Zeitpunkt, an dem über eine Scheidung noch gar nicht nachgedacht wird, also bereits zu Beginn oder noch während einer intakten Ehe, nämlich durch Ehevertrag. Spätestens aber, wenn über eine Scheidung nachgedacht wird, sollten die finanziellen Weichen gestellt werden.

Höchste Zeit für eine Anspruchssicherung wird es im Trennungsjahr. Nur wer frühzeitig informiert ist, kann die richtigen Maßnahmen treffen, um nicht das Nachsehen zu haben.

Mit diesem Ratgeber soll Ihnen ein Überblick über Ihr Verhalten im Trennungsjahr sowie Ihre möglichen Ansprüche gegeben und die wichtigsten Schritte skizziert werden, wie Sie Ihre Ansprüche insbesondere im Trennungsjahr, dem Vorfeld des eigentlichen Scheidungsverfahrens, sichern können. Zahlreiche Checklisten helfen Ihnen bei den wichtigsten Entscheidungen im Trennungsjahr.

Finn Zwißler

Finn Zwißler, Rechtsanwalt
Neuhauser Straße 27, 80331 München
Tel.: 0 89/55 02 73 11, Fax: 0 89/55 02 73 13
E-Mail: Kanzlei@rechtsanwalt-zwissler.de
Internet: http://www.rechtsanwalt-zwissler.de

1.

Definition: Scheidung

Was Scheidung juristisch bedeutet

Mit Scheidung ist juristisch nur die Tatsache gemeint, dass die einst durch eine Heirat geschlossene Ehe wieder aufgehoben wird. Zuständig für diese Aufhebung der Ehe ist der Staat, vor dem die Ehe eingegangen wurde. Die Scheidung der Ehe erfolgt jedoch nicht, wie die Eheschließung, vor dem Standesbeamten („Friedensrichter"), sondern vor dem ordentlichen Gericht, das heißt vor dem Familienrichter.

Mit einer Heirat ist nicht nur die Tatsache verknüpft, dass zwei Menschen „sich die ewige Treue schworen", sondern daraus ergeben sich zahlreiche weitere, vor allem auch rechtliche Folgen.

Diese mit der Ehe einst eingegangenen rechtlichen Folgen müssen im Rahmen des Scheidungsverfahrens auseinander dividiert werden. Der Unterhalt unter den Ehegatten und für die Kinder muss geklärt werden. Eine Auseinandersetzung des Hausrats, der Ehewohnung sowie des gesamten Vermögens muss stattfinden. Das Sorgerecht für und der Umgang mit den Kindern bedarf einer Regelung. Ein Rentenausgleich, das heißt juristisch gesprochen ein Versorgungsausgleich, steht zur Debatte.

> ***Praxis-Tipp:***
>
> *Bereits im Trennungsjahr sollten diese Punkte eingehend diskutiert werden.*

Rechtliche Folgen abklären: Prüfkriterien	Bemerkungen
Welcher Ehegatte zahlt dem anderen Ehegatten wie viel Unterhalt?	
Wer zahlt wie viel Unterhalt für die Kinder?	
Wie wird der Hausrat aufgeteilt?	
Wer bleibt in der Ehewohnung oder was soll mit dieser geschehen?	
Wie viel oder was bekommt jeder vom Vermögen?	
Kann das gemeinsame Sorgerecht praktiziert werden oder wer erhält sonst das alleinige Sorgerecht?	

Rechtliche Folgen abklären: Prüfkriterien	Bemerkungen
Wie wird beim alleinigen Sorgerecht des einen der Umgang des anderen mit den Kindern vereinbart?	
Wie wird die Altersrente gesichert?	

Wann Sie sich scheiden lassen können

Ihre Ehe kann geschieden werden, wenn sie gescheitert ist. Eine Ehe ist im Sinne des Gesetzes gescheitert, wenn die Lebensgemeinschaft nicht mehr besteht und nicht mehr erwartet werden kann, dass die Ehegatten sie wiederherstellen (§ 1565 Abs. 1 BGB).

Zerrüttungsprinzip

Demnach reicht als Scheidungsgrund die Zerrüttung der Ehe aus. Auf ein Verschulden, das heißt darauf, wer die Zerrüttung herbeigeführt hat, weil er/sie sich beispielsweise einem neuen Partner zugewandt hat, kommt es im deutschen Scheidungsrecht nicht mehr an. Das Verschulden ist nur in einzelnen Fällen relevant, wenn etwa die Ehe wegen unzumutbarer Härte vor Ablauf des Trennungsjahres geschieden werden soll oder ein Ehepartner der Scheidung – ebenfalls wegen unzumutbarer Härte – widerspricht. Der Gesetzgeber hat damit im Rahmen einer Scheidung das sogenannte Verschuldensprinzip aufgegeben und sich für das Zerrüttungsprinzip entschieden. Einziger Scheidungsgrund ist folglich die Zerrüttung der Ehe.

Achtung: Ein weiterer Grund für die Scheidung muss nicht vorhanden sein!

Einjährige Trennung

Das Ende der Lebensgemeinschaft führt grundsätzlich nicht sofort zur Scheidung. Leben Sie mit Ihrem Ehegatten noch nicht ein Jahr getrennt, kann Ihre Ehe nur geschieden werden, wenn die Fortsetzung der Ehe für denjenigen, der die Scheidung will, aus Gründen, die in der Person des anderen liegen, eine unzumutbare Härte darstellen würde (§ 1565 Abs. 2 BGB).

Sie müssen also nach dem Willen des Gesetzgebers grundsätzlich ein Jahr getrennt leben, damit Ihre Ehe geschieden werden kann, auch wenn Sie und sogar Ihr Partner die Ehe viel früher für unwiederbringlich zerrüttet halten und Sie sich beide bereits vor Ablauf eines Jahres keine Versöhnung mehr vorstellen können.

Unzumutbare Härte

Einzig eine unzumutbare Härte würde eine Scheidung vor Ablauf eines Jahres der Trennung begründen. Für das Merkmal „unzumutbare Härte" gilt jedoch ein strenger Maßstab. Schwierigkeiten, Unstimmigkeiten oder sonstige Zerwürfnisse reichen zur Bejahung einer unzumutbaren Härte nicht aus. Es muss dem Partner unzumutbar sein, trotz Trennung die Ehe bis zum Ablauf eines Jahres fortzusetzen. Das wird nur bei besonders außergewöhnlichen Umständen, wie beispielsweise bei wiederholten tätlichen Angriffen bzw. ernsthaften Bedrohungen und Tätlichkeiten oder krankhafter Trunksucht angenommen (vgl. OLG Dresden, Beschluss vom 16.04.2012, Az. 23 UF 1041/11, NJW-RR 2012, 1284).

Beispiel:

Erwartet die Ehefrau aus einem ehebrecherischen Verhältnis ein Kind, kann der Ehemann wegen der Möglichkeit des Ausschlusses der Vaterschaftsanfechtung nach § 1599 Abs. 2 2. Halbsatz BGB bereits vor Ablauf des Trennungsjahres die Ehescheidung verlangen (vgl. OLG Hamm, Beschluss vom 16.06.2014, Az. 8 WF 106/14, FamRZ 2014, 2004).

Wichtig: Die bloße Behauptung eines Ehegatten, der Ehepartner sei trunksüchtig oder handgreiflich geworden, ist für eine Härtefallregelung nicht ausreichend. Ein solcher Sachverhalt muss eindeutig bewiesen oder vom Ehegatten, zum Beispiel im Fall eines Ehebruchs, klar bestätigt werden.

Einverständliche Scheidung

Leben Sie allerdings bereits seit einem Jahr getrennt und wollen beide die Scheidung, wird unwiderlegbar vermutet, dass die Ehe gescheitert ist (§ 1566 Abs. 1 BGB). Wenn Sie bereits seit einem Jahr getrennt leben und beide die Scheidung beantragen oder der eine dem Scheidungsantrag des anderen zustimmt, können Sie nach dem Trennungsjahr einverständlich geschieden werden.

Streitige Scheidung bei einjähriger, aber noch nicht dreijähriger Trennung

Stimmt der andere Ehegatte nicht zu, muss die Zerrüttung der Ehe positiv festgestellt und nachgewiesen werden, sofern die Ehegatten zwar ein Jahr, aber noch nicht drei Jahre getrennt leben. Eine Zerrüttung wird aber bereits angenommen werden können, wenn einer der Ehegatten bereits eine eheähnliche Lebensgemeinschaft mit einem neuen Partner eingegangen ist.

Dreijährige Trennung

Will der andere die Scheidung nicht und kann die Zerrüttung nicht anderweitig festgestellt werden, fordert der Gesetzgeber eine Trennungszeit von drei Jahren. Wenn der andere nicht zustimmt, wird erst unwiderlegbar vermutet, dass die Ehe gescheitert ist, sofern die Ehegatten drei Jahre getrennt leben (§ 1566 Abs. 1 BGB).

Härteklauseln

Eine ganz große Ausnahme bilden die Fälle der sogenannten Härteklauseln.

§ 1568 BGB

Die Ehe soll nicht geschieden werden, obwohl sie gescheitert ist, wenn und solange die Aufrechterhaltung der Ehe im Interesse der aus der Ehe hervorgegangenen minderjährigen Kinder aus besonderen Gründen ausnahmsweise notwendig ist oder wenn und solange die Scheidung für den Antragsgegner, der sie ablehnt, aufgrund außergewöhnlicher Umstände eine so schwere Härte darstellen würde, dass die Aufrechterhaltung der

1

Ehe auch unter Berücksichtigung der Belange des Antragstellers ausnahmsweise geboten erscheint.

Achtung: Die Härteklauseln schließen eine Scheidung nicht schlechterdings aus, sondern nur eine „Scheidung zur Unzeit“. Die Härteklauseln sollen nur in krassen Ausnahmefällen Anwendung finden und vor allem nicht bereits bei dem stets vorkommenden Trennungsschmerz, den Kinder verspüren, wenn sich ihre Eltern scheiden lassen wollen, oder der häufig noch bestehenden Zuneigung des nicht scheidungswilligen Ehegatten, eingreifen.
Erforderlich sind vielmehr außergewöhnliche und unerträgliche Umstände, die dazu führen, dass ein minderjähriges Kind oder der nicht scheidungswillige Ehegatte die Trennung für das weitere Leben unerträglich empfinden. Aufgrund dieser besonders engen Voraussetzungen kommt die Anwendung einer der beiden Härteklauseln in der Praxis höchst selten vor.

Demenz oder geistige Behinderung

Ist ein an Demenz erkrankter Antragsteller wegen Fortschreiten der Erkrankung im Laufe des Scheidungsverfahrens nicht mehr in der Lage, das Wesen einer Ehe und einer Ehescheidung zu erfassen, ist bei ihm ein Zustand äußerster Eheferne erreicht, der die Ehe der mehr als ein Jahr getrennt lebenden Ehegatten scheidbar macht (OLG Hamm, Beschluss vom 16.08.2013, Az. 3 UF 43/13, NJW 2014, 158).

Der BGH hat im Fall eines geistig Behinderten, der im Scheidungsverfahren durch einen Betreuer vertreten worden war, die Ehe für grundsätzlich scheidbar erklärt (BGH, Urteil vom 07.11.2001, Az. XII ZR 247/00, NJW 2002, 671).

Checkliste: Scheidungsgründe

- Scheitern der Ehe
- Zerrüttungsprinzip: Die Ehe ist gescheitert, wenn die Lebensgemeinschaft nicht mehr besteht und nicht erwartet werden kann, dass sie wiederhergestellt wird.

- Mindesttrennungsdauer
  - Ein Jahr: Das Einverständnis des anderen oder die positive Feststellung der Zerrüttung ist erforderlich.
  - Drei Jahre: Weder das Einverständnis des anderen noch die positive Feststellung der Zerrüttung ist erforderlich.
  - Ausnahme: Fortsetzung der Ehe würde unzumutbare Härte bedeuten, dann keine Mindesttrennungsdauer, sondern Scheidung sofort.
- Scheidung zur Unzeit: Krasser Ausnahmefall bei schwerer Härte für gemeinsame minderjährige Kinder oder den nicht scheidungswilligen Ehegatten.

2.

Trennung von Tisch und Bett

Was zur Trennung gehört

Getrennt leben Sie von Ihrem Ehegatten erst, wenn zwischen Ihnen keine häusliche Gemeinschaft mehr besteht und Sie oder Ihr Ehegatte die häusliche Gemeinschaft erkennbar nicht mehr herstellen will, weil die eheliche Lebensgemeinschaft abgelehnt wird. Nicht unbedingt erforderlich für eine Trennung ist, dass einer der Ehegatten aus der Wohnung auszieht. Die häusliche Gemeinschaft besteht auch dann nicht mehr, wenn Sie innerhalb der ehelichen Wohnung von Ihrem Partner getrennt leben (§ 1567 Abs. 1 BGB).

Grundsatz der totalen Trennung

Allerdings gilt der Grundsatz der totalen Trennung. Voraussetzung für die Trennung ist danach, dass die Gemeinsamkeiten grundsätzlich in allen Lebensbereichen aufgegeben werden. Das bedeutet, dass Sie sich mit Ihrem Ehegatten das gemeinsame Eheschlafzimmer nicht mehr teilen dürfen. Auch stehen gemeinsames Essen und gemeinsame Freizeitgestaltung einer Trennung im Rechtssinne entgegen und zwar selbst dann, wenn das nur der Kinder wegen geschehen sollte. Gegenseitige Dienstleistungen wie etwa Waschen und Kochen dürfen nicht mehr erbracht werden.

Wichtig: Vereinzelte Sorgetätigkeiten und Beistand in der Not (z. B. bei Krankheit), schaden dagegen nicht. Ebenso wenig laufen Sorgetätigkeiten, die ausschließlich den Kindern dienen sollen, oder Dienstleistungen im Rahmen eines gemeinsamen Gewerbebetriebs einer Trennung im Rechtssinne zuwider.

Trennung innerhalb der gemeinsamen Wohnung

Auch in der gemeinsamen Wohnung kann und muss eine „Trennung von Tisch und Bett“ erfolgen. Dafür ist jedoch erforderlich, dass nicht nur der andere Ehegatte das Schlafzimmer verlässt und von nun an auf dem Wohnzimmersofa schläft, sondern die gesamte gemeinsame Nutzung der ehelichen Wohnung muss aufgehoben und die Benutzung von Küche, Bad, Wohnzimmer sowie sonstigen Räumen unter den Ehegatten aufgeteilt werden.

Trennung in „ehefeindlicher Absicht“

Es ist wichtig, dass zumindest bei einem der Ehegatten eine Trennungsabsicht vorliegt. Das ist vor allem für die Fälle von Bedeutung, in denen eine Trennung zunächst nur aus beruflichen, gesundheitlichen (z. B. langer Krankenhausaufenthalt) oder sonstigen Gründen (z. B. Verbüßung einer Haftstrafe) stattfand, das heißt die Trennung aus Anlass besonderer Umstände erfolgte, die nichts mit einer ehefeindlichen Absicht zu tun haben.

Beispiel:

Ist der Ehemann bereits vor einem Jahr aus beruflichen Gründen in eine andere Stadt gezogen und bestand die Ehe von da an nur noch in einer Wochenendbeziehung, kann sie nicht sofort geschieden werden, da die Ehegatten sich zunächst nur gezwungenermaßen trennen mussten. Die Trennung erfolgte nicht in der Absicht, sich endgültig zu trennen bzw. sich scheiden zu lassen. Bevor eine Scheidung möglich ist, muss eine Trennung in ehefeindlicher Absicht erfolgt sein.

Achtung: Eine Trennung in ehefeindlicher Absicht ist natürlich auch während einer Trennung aus anderen Gründen möglich. So kann die Ehefrau beispielsweise ihrem in Strafhaft sitzenden Ehemann einen Brief zusenden, in dem sie zum Ausdruck bringt, dass sie an der Ehe nicht mehr festhalten will.

Versöhnungsversuch

Das Gesetz gestattet jedoch auch Versöhnungsversuche. So heißt es in § 1567 Abs. 2 BGB:

§ **§ 1567 Abs. 2 BGB**

Ein Zusammenleben über kürzere Zeit, das der Versöhnung der Ehegatten dienen soll, unterbricht oder hemmt die in § 1566 bestimmten Fristen [des Trennungsjahres] nicht.

Dadurch möchte der Gesetzgeber verhindern, dass die Ehegatten Versöhnungsversuche aus Furcht davor unterlassen, dass die Frist des Trennungsjahres nach gescheitertem Versöhnungsversuch wieder von Neuem zu laufen beginnt.

Ein drei Monate andauernder Versöhnungsversuch wird allerdings nicht mehr als ein „Zusammenleben über kürzere Zeit“ betrachtet werden können und daher die einjährige Frist unterbrechen. Auch eine erfolgreiche Versöhnung und eine darauf folgende zweite Trennung wird die einjährige Trennungsfrist erneut beginnen lassen.

Wichtig: Für die dreijährige Frist kann allerdings ein über mehrere Monate andauernder Versöhnungsversuch unschädlich sein, wenn die Ehegatten zuvor bereits lange getrennt waren.

In der folgenden Checkliste können Sie noch einmal nachlesen, welche Voraussetzungen unbedingt erforderlich sind, um einer „Trennung von Tisch und Bett“ – Bedingung für eine mögliche Scheidung – zu genügen.

Checkliste: Trennung von Tisch und Bett

- **Keine häusliche Gemeinschaft**
  Eine häusliche Gemeinschaft darf nicht mehr bestehen.
- **Einseitiger Trennungswunsch**
  Zumindest einer der Ehegatten will die häusliche Gemeinschaft erkennbar nicht mehr herstellen.
- **Beidseitige Trennungsabsicht**
  Die eheliche Lebensgemeinschaft wird abgelehnt.
- **Getrenntleben in gemeinsamer Wohnung**
  Die häusliche Gemeinschaft besteht auch bei Getrenntleben innerhalb der ehelichen Wohnung nicht mehr.
- **Grundsatz der totalen Trennung**
  Die Gemeinsamkeiten müssen grundsätzlich in allen Lebensbereichen aufgegeben werden.

- **Kein Gemeinschaftsleben**
  Kein gemeinsames Eheschlafzimmer, gemeinsame Mahlzeiten oder Freizeitgestaltung sowie gegenseitige Dienstleistungen (z. B. Waschen und Kochen) sind nicht mehr möglich.
- **Mögliche Ausnahmen**
  Vereinzelte Sorgetätigkeiten und Beistand in der Not (z. B. bei Krankheit) sowie Sorgetätigkeiten, die ausschließlich den Kindern dienen sollen, oder Dienstleistungen im Rahmen eines gemeinsamen Gewerbebetriebs schaden dagegen nicht.
- **Keine gemeinsame Nutzung**
  Bei Trennung innerhalb der Ehewohnung muss die gesamte gemeinsame Nutzung der Wohnung aufgehoben und die Benutzung von Küche, Bad, Wohnzimmer sowie sonstigen Räumen unter den Ehegatten aufgeteilt werden.
- **Trennungsabsicht**
  Die „Trennung in ehefeindlicher Absicht" muss mindestens bei einem der Ehegatten vorliegen (Problem bei langem Krankenhausaufenthalt oder Verbüßung einer Haftstrafe, Auslandstätigkeit, Wochenendehe beachten!).
- **Versöhnungsversuch**
  Ein Zusammenleben über kürzere Zeit, das der Versöhnung dienen soll, unterbricht oder hemmt die Frist des Trennungsjahres nicht.

Wichtige Beweise

Bestätigung der Personalien

Damit Sie eine Scheidung beantragen können, müssen Sie Ihre Personalien und den Nachweis Ihrer Heirat erbringen.

Nachweis der Personenidentität

Das Gericht muss wissen, wen es scheidet und wer insbesondere im Scheidungstermin tatsächlich den Scheidungsantrag stellt und diesem zustimmt. Daher wird von den Gerichten die Vorlage eines gültigen Personalausweises oder Reisepasses im Termin verlangt. Insoweit sollte bereits im Trennungsjahr dafür gesorgt werden, dass diese Dokumente mit noch ausreichender Gültigkeitsdauer vorhanden sind.

Nachweis der Heirat

Es mag zunächst etwas kurios klingen, dass bei einer Scheidung die Heirat nachgewiesen werden muss. Geschieden werden können aber nur Ehen und vor allem nur Ehen, die auch wirksam geschlossen wurden.

Der Nachweis der Eheschließung, was letztlich eine reine Formalität ist, die allerdings zwingend eingehalten werden muss, erfolgt durch Vorlage der Heiratsurkunde, deren beglaubigter Abschrift oder eines Auszugs aus dem Familienbuch. Spätestens im Scheidungstermin müssen diese Unterlagen vorliegen.

> **Wichtig:** Diese Unterlagen sollten – sofern sie nicht mehr vorhanden sind – möglichst frühzeitig, spätestens im Trennungsjahr beschafft werden. Zwar benötigen die deutschen Standesämter für die Ausstellung dieser Urkunden regelmäßig maximal nur einige Wochen. Müssen aber Unterlagen von ausländischen Behörden beschafft werden, kann es schnell einige Monate dauern, bis die Urkunden mit öffentlich beglaubigter Übersetzung vorliegen.

Nachweis der Trennungsdauer

Die Trennungsdauer wird im Scheidungsverfahren vom Gericht überprüft. Das geschieht regelmäßig durch Einvernahme der Ehegatten als Partei.

Nun kann es aber vorkommen, dass einer der Ehegatten, der die Scheidung plötzlich nicht mehr will, keine Angaben macht oder gar schwindelt, indem er behauptet, die Eheleute lebten gar nicht oder erst seit zu kurzer Zeit getrennt.

In einem solchen Fall hätte ein Gericht Schwierigkeiten, die Ehe zu scheiden, es sei denn, der scheidungswillige Ehegatte bringt andere Beweise dafür, dass die Eheleute bereits seit über einem Jahr getrennt leben. Das kann beispielsweise durch Zeugenaussagen von Bekannten und Verwandten oder Nachbarn geschehen. Aber auch diese sind nicht immer loyal oder wollen sich in die Scheidung nicht einmischen. Oftmals wird auch der Gang zum Gericht gescheut.

> ***Praxis-Tipp:***
>
> - *Beschaffen Sie sich möglichst frühzeitig schriftliche Bestätigungen, wenn Sie fürchten müssen, dass Sie im Scheidungsverfahren keinen „Verbündeten" haben werden.*
> - *Auch müssen die Zeugen das „Getrenntleben", beispielsweise die neue Wohnung oder die alte, aber umgeräumte Wohnung gesehen haben.*
>
> *Als Beweismittel kommen Mietverträge über eine neue Wohnung oder Bestätigungen von der Einwohnermeldebehörde in Betracht. Auch Fotoaufnahmen und Videoaufzeichnungen der aufgeteilten Wohnung können nicht schaden.*

Erklärung über Vermögensverhältnisse und Besitz

Oftmals weiß der eine Ehegatte nicht vom anderen, was dieser verdient. In einem späteren Unterhaltsprozess führt dies häufig zu großen Beweisschwierigkeiten und zeitaufwendigen Auskunftsklagen. Wer daher mit dem Gedanken an eine Scheidung spielt, sollte sich möglichst frühzeitig, solange er noch Einblick hat, über die Einkommensverhältnisse des anderen informieren, insbesondere:

- wo und als was dieser genau arbeitet
- wie viel er exakt verdient
- ob eine Beförderung bevorsteht
- auf welches Konto bei welcher Bank die Gehaltszahlungen erfolgen

Ist das Scheidungsverfahren einmal eingeleitet, werden oft freiwillig keine Auskünfte mehr erteilt und wichtige Unterlagen, wie Gehaltsbescheinigungen und Kontoauszüge, weggesperrt oder an einen sicheren Ort gebracht.

Transparenz der Vermögensverhältnisse des anderen

Für die Frage eines eventuellen Zugewinnausgleichsanspruchs sind umfassende Detailkenntnisse über das Vermögen des anderen dringend erforderlich. Möglichst früh sollten daher sämtliche Bankverbindungen mit Namen und Sitz des Kreditinstituts sowie Kontonummern und

Guthaben bekannt sein. Wird die Scheidung zum Thema, verschwinden oftmals recht rasch irgendwelche Guthaben unbekannt ins Ausland.

> **Achtung:** Können später keine konkreten Angaben gemacht werden, bleibt es oftmals nur noch bei Vermutungen, die zur Durchsetzung eines Anspruchs nicht ausreichen.

Auch sonstige Vermögensgegenstände sollten so genau wie möglich bezeichnet werden können. Bei Grundstücken wäre dringend ein Grundbuchauszug oder wenigstens die Kenntnis des genauen Lageorts erforderlich. Von Versicherungen sollte wenigstens das Unternehmen und ihre Art bekannt sein (z. B. Lebensversicherung, Unfallversicherung), am besten aber auch Versicherungsnummer und Höhe des Kapitals.

Verzeichnis über die Gegenstände des anderen

Über einzelne Gegenstände, wie Uhren und Schmuck, aber auch technische Geräte, Mobiliar, Kunstgegenstände oder Kraftfahrzeuge, Segelboote und Ähnliches sollte ein Verzeichnis aufgestellt werden. Nach der Trennung wird oftmals das Vorhandensein einzelner Gegenstände in Vergessenheit geraten oder die genaue Bezeichnung schwerfallen. Eine genaue Bezeichnung kann aber zur Geltendmachung von Ansprüchen erforderlich werden.

Dokumentation zur Verhaltensweise

Im Rahmen des Verfahrens über das Sorgerecht für die gemeinsamen Kinder kann auch das Verhalten des anderen große Bedeutung erlangen. Das gilt ebenso im Fall einer streitigen Scheidung nach einjähriger Trennung, das heißt wenn der andere der Scheidung nicht zustimmt und die Trennung zwar ein Jahr, aber noch nicht drei Jahre gedauert hat oder bei einer Härtescheidung bei Trennungsdauer von weniger als einem Jahr.

Das Verhalten muss daher genauestens dokumentiert werden. Allgemeine Formulierungen, wie „der Ehemann habe stets die Kinder misshandelt“ oder „die Ehefrau wäre allabendlich betrunken“, reichen vor Gericht nicht aus. Für den Vorwurf anstößiger Verhaltensweisen ist zunächst ein schlüssiger Vortrag nach Tag, Uhrzeit, Ort und vor allem eine genaue Beschreibung des Verhaltens erforderlich.

Praxis-Tipp:

- *Es empfehlen sich Aufzeichnungen in Form eines Tagebuchs.*
- *Ferner muss das Verhalten auch beweisbar sein. Neben Zeugen (Nachbarn, Bekannte, Verwandte) kommen beispielsweise auch Polizeiprotokolle von nächtlichen Einsätzen in der Ehewohnung, Trunkenheitsfahrten des Ehegatten oder Ähnliches in Betracht.*

Checkliste: Nachweise im Scheidungsverfahren

Personalien, Urkunden

- Heiratsurkunde oder Auszug aus dem Familienbuch – jeweils im Original oder in beglaubigter Abschrift
- gültiger Personalausweis oder Reisepass

Trennungsdauer

- Beschaffen Sie sich möglichst frühzeitig Bestätigungen im Zusammenhang mit dem Trennungszeitpunkt: Zeugen, Mietverträge, Bestätigungen von der Einwohnermeldebehörde, Fotoaufnahmen und Videoaufzeichnungen.

Vermögen, Besitz

- Solange noch Einblick möglich ist, sollten Sie sich über die Einkommensverhältnisse des anderen informieren: exakter Verdienst, genauer Name der Firma, bevorstehende Beförderung, Konto bei welcher Bank.
- Für die Frage eines eventuellen Zugewinnausgleichsanspruchs sind umfassende Detailkenntnisse über das Vermögen des anderen dringend erforderlich: Kontonummern und Guthaben, Grundbuchauszug, von Versicherungen sollte wenigstens das Unternehmen und ihre Art bekannt sein.
- Eine genaue Bezeichnung der Gegenstände des anderen kann zur Geltendmachung von Ansprüchen erforderlich werden: Verzeichnis aufstellen!

Verhalten

- Im Rahmen des Verfahrens über das Sorgerecht für die gemeinsamen Kinder oder im Fall einer streitigen Scheidung oder für eine Härtescheidung kann auch das Verhalten des anderen große Bedeutung erlangen. Sammeln Sie entsprechende Nachweise: Tag, Uhrzeit, Ort und vor allem genaue Beschreibung des Verhaltens, Aufzeichnungen in Form eines Tagebuchs, Zeugen, Protokolle

3.

Trennungsjahr und Trennungsunterhalt

Ihr Fahrplan im Trennungsjahr

Der Gang zum Rechtsanwalt

Eine Ehe kann regelmäßig nicht sofort geschieden werden, wenn sich die Partner „verkracht" haben. Grundsätzlich ist zumindest das Trennungsjahr abzuwarten. Wenn der andere Partner nicht zustimmt, kann die Trennungsphase sogar drei Jahre dauern, sofern die Zerrüttung nicht anderweitig nachgewiesen wird (eheähnliches Verhältnis mit neuem Partner).

Spätestens einige Monate nach der Trennung wird wenigstens einer der Partner, regelmäßig derjenige, von dem der stärkere Scheidungsimpuls ausgeht, einen Rechtsanwalt aufsuchen und diesen mit der Einreichung der Scheidung beauftragen.

Scheidungsvereinbarung oder Ehevertrag

Spätestens jetzt sollten die Parteien versuchen, eine Einigung über die Scheidungsfolgesachen herbeizuführen. Der Rechtsanwalt bzw. die Rechtsanwälte, sofern beide Partner anwaltlich vertreten sind, werden nach den Angaben der Parteien eine sogenannte Scheidungsvereinbarung fertigen, in dem sie die Vorstellungen der Parteien in die richtige juristische Form bringen und zugleich in den Einigungsprozess beratend eingreifen.

Kommt eine Scheidungsvereinbarung zustande, wird diese von beiden Parteien unterschrieben. Soll der Scheidungsantrag nicht alsbald eingereicht werden, kommt anstatt einer Scheidungsvereinbarung der Abschluss eines Ehevertrags in Betracht.

Scheidungsverfahren einleiten

Regelmäßig nach Ablauf des Trennungsjahres, frühestens einige Monate davor, wird der Rechtsanwalt die Scheidung beim Amtsgericht einreichen. Wenn eine Scheidungsvereinbarung zustande gekommen ist, wird diese dem Scheidungsantrag sogleich beigefügt. Gleiches geschieht mit einem Ehevertrag, soweit ein solcher vorhanden ist. Kommt es zu Verzögerungen mit der Scheidungsvereinbarung, kann diese auch nachgereicht werden.

Wird überhaupt keine Einigung erzielt, müssen die einzelnen Punkte im Rahmen des Scheidungsverfahrens ausgestritten werden, was dieses erheblich verzögert. Nutzen Sie daher bereits die Zeit des Trennungsjahres, um mit Ihrem Partner zu einer Einigung zu gelangen.

Scheidungsantrag zustimmen

Das Amtsgericht vergibt zunächst ein Aktenzeichen und stellt den Scheidungsantrag dem anderen Partner mit der Aufforderung zur Stellungnahme zu. In dieser Stellungnahme sollte der andere Partner dem Scheidungsantrag zustimmen. Tut er dies nicht, müsste die Scheidung streitig entschieden werden, schlimmstenfalls kann noch eine Trennungszeit von weiteren zwei Jahren notwendig sein (dreijährige Trennung).

Praxis-Tipp:

- *Im Sinne einer schnellen Scheidung ist es wichtig, dass der scheidungswillige Partner den anderen bereits im Trennungsjahr von der Notwendigkeit der Scheidung überzeugt und sich dessen Zustimmung versichert.*
- *Die Zustimmung kann auch bereits in die Scheidungsvereinbarung als deklaratorische Klausel aufgenommen werden.*

Versorgungsausgleich vorbereiten

Mit dem Versorgungsausgleich soll der Unterschied in der Alters- und Invaliditätsvorsorge der Ehegatten ausgeglichen werden und zugleich dem ausgleichsberechtigten Ehegatten im Alter oder bei Erwerbsunfähigkeit ein eigener Anspruch gegen einen Versorgungsträger verschafft werden.

Beispiel:

Der Ehemann hat für die Dauer der Ehe einen Rentenanspruch von 1.000 Euro erworben, die Ehefrau, da sie in der Zeit auch die Kinder versorgen musste, nur von 200 Euro. Die Differenz der Rentenansprüche zwischen den Ehepartnern, also 800 Euro muss so ausgeglichen werden, dass beide Ehegatten einen gleich hohen Rentenanspruch geltend machen können. Das bedeutet in diesem Fall, dass 400 Euro dem Konto der Ehefrau als Versorgungsausgleich gutgeschrieben werden.

Das Gericht wird, nachdem der Ehegatte dem Scheidungsantrag zugestimmt hat, den Parteien Vordrucke für den Versorgungsausgleich übersenden, auf denen die erworbenen Rentenansprüche aufgeführt werden müssen. Diese sind von den Parteien ausgefüllt an das Gericht zurückzuschicken.

> ***Praxis-Tipp:***
>
> *Auch insoweit sollte die Zeit des Trennungsjahres genutzt werden, sämtliche Rentennachweise zu sammeln. Das Ausfüllen der Formulare geht dann meist leichter und schneller, wodurch bei einer raschen Rücksendung an das Gericht das Verfahren wiederum beschleunigt wird.*

Dauer der Scheidung

Eine Scheidungsdauer von unter einem Jahr bildet die Ausnahme. Nur eine unzumutbare Härte kann eine Scheidung vor Ablauf eines Jahres der Trennung begründen. Für das Merkmal „unzumutbare Härte“ gilt ein strenger Maßstab.

Scheidungstermin

Ist mit einer einverständlichen Scheidung zu rechnen, wird das Gericht einen Termin zur mündlichen Verhandlung, das heißt den Scheidungstermin, bestimmen, zu dem beide Partner persönlich erscheinen müssen.

In diesem Termin kann es, wenn bereits die wichtigsten Folgesachen geklärt werden konnten, zur Scheidung kommen, welche das Gericht dann „im Namen des Volkes“ durch Beschluss aussprechen wird.

Planen Sie großzügig!

Den Regelfall bildet die Scheidung nach einjähriger Trennung. Hierbei ist jedoch zweierlei zu beachten:

Zum einen setzt die Scheidung nach einjähriger Trennung grundsätzlich das Einverständnis des anderen Ehepartners voraus, welches nicht oder unter Umständen erst nach einer gewissen Zeit gegeben wird, beispielsweise erst nach einer Trennungszeit von zwei Jahren.

Zum anderen dauert das Scheidungsverfahren vor Gericht an sich zwischen mindestens drei Monaten bis zu nicht selten einem Jahr oder teilweise noch länger. Die Dauer hängt ab von der Überlastung der Gerichte, liegt aber oftmals auch daran, dass sich das Scheidungsverfahren schwierig und langwierig gestaltet oder die Auskünfte der Rentenversicherungsträger auf sich warten lassen.

Wichtig: Vom Zeitpunkt der Trennung an sollte daher eine Zeitspanne von etwa ein bis zwei Jahren Dauer für eine Scheidung einkalkuliert werden.

Manche Gerichte erlauben zwar den Beginn der Scheidungsformalitäten bereits einige Wochen vor Ablauf des Trennungsjahres, doch bringt dies eben auch nur einen Zeitvorteil von einigen Wochen.

Besonders in die Länge ziehen kann sich ein Scheidungsverfahren, in welchem der Partner nicht zustimmt. Es sind dann schlimmstenfalls drei Jahre Trennungszeit abzuwarten, wenn die Zerrüttung nicht anderweitig nachgewiesen werden kann (z. B. dadurch, dass eine eheähnliche Lebensgemeinschaft mit einem neuen Partner eingegangen wurde).

Achtung: Hinzu kommt, dass sich das Scheidungsverfahren bei zerstrittenen Paaren allein wegen der streitigen Verhandlungen über die Folgesachen nochmals gesondert hinziehen kann, so dass eine Dauer des Scheidungsverfahrens vom Tag der Trennung an gerechnet auch durchaus fünf Jahre und länger betragen kann.

Zwar wird die eigentliche Scheidung nach Ablauf der dreijährigen Trennungszeit meist rasch vonstatten gehen. Langwierig wird aber häufig die Klärung des Unterhalts und etwaiger Zugewinnausgleichsansprüche.

> ***Praxis-Tipp:***
>
> *Es empfiehlt sich dringend, bereits im Vorfeld des Scheidungsverfahrens den anderen Ehegatten von der Notwendigkeit der Scheidung zu überzeugen und sich dessen Zustimmung zu sichern. Dadurch beschleunigt sich das Scheidungsverfahren erheblich.*

3

Checkliste: Ihr Fahrplan

- Trennung vollziehen
- Spätestens einige Monate nach der Trennung einen Rechtsanwalt aufsuchen
- Scheidungsvereinbarung aushandeln oder Ehevertrag schließen
- Partner bereits im Trennungsjahr von der Notwendigkeit der Scheidung überzeugen und sich dessen Zustimmung sichern
- Rentennachweise sammeln
- Scheidung einreichen

Ort des Gerichtsverfahrens

Zuständig für das Scheidungsverfahren ist das Amtsgericht und dort der Familienrichter. Amtsgerichte gibt es in Deutschland in jeder größeren Stadt, weshalb der Gesetzgeber eine Regelung über die örtliche Zuständigkeit einführen musste. Diese Zuständigkeitsregelung sieht alternativ abgestuft mehrere Möglichkeiten vor, was dazu führen kann, dass Sie für Ihre Scheidung an einen anderen Ort als Ihren Wohnort fahren müssen.

Sie können einen Anwalt Ihres Vertrauens mit Ihrer Scheidung beauftragen, den Sie schon länger kennen, auch wenn dieser seine Kanzlei nicht am Gerichtsort hat. Dieser wird dann entweder selbst zum Gerichtsort anreisen oder mit einem ihm wiederum vertrauten Kollegen vor Ort zusammenarbeiten. Dadurch werden sich die Kosten jedoch etwas erhöhen.

> ***Praxis-Tipp:***
>
> *Es ist günstiger, wenn Sie einen Rechtsanwalt mit Ihrer Scheidung beauftragen, der direkt am Gerichtsort praktiziert.*

Checkliste: Örtliche Zuständigkeit

- Örtlich zuständig für Ihre Scheidung ist das Amtsgericht, in dessen Bezirk Sie und Ihr Ehegatte Ihren gewöhnlichen Aufenthalt haben.
- Sind das zwei verschiedene Orte, ist das Amtsgericht zuständig, in dessen Bezirk der Ehegatte mit den gemeinsamen Kindern wohnt, oder – wenn keine gemeinsamen Kinder vorhanden sind – das Amtsgericht des Orts, in dessen Bezirk Sie während der Ehe zuletzt Ihren gemeinsamen gewöhnlichen Aufenthalt hatten, wenn einer dort noch wohnt.
- Fehlt es an einem letzten gemeinsamen gewöhnlichen Aufenthalt, an dem einer der Ehegatten noch wohnt, ist das Amtsgericht örtlich zuständig, in dessen Bezirk der Antragsgegner seinen gewöhnlichen Aufenthalt hat.
- Ist ein Ehegatte unbekannt verzogen, kann die Scheidung beim Amtsgericht am Wohnort des Antragstellers eingereicht werden.

3

Was bereits im Trennungsjahr gerichtlich geklärt werden kann

Bereits mit der Trennung wird die Ehe faktisch geschieden, wenn auch auf die juristische Scheidung regelmäßig noch mindestens ein Jahr gewartet werden muss. Aber bereits mit der Trennung treten Probleme auf, die juristischer Klärung bedürfen.

Unterhalt

Bereits mit dem ersten Monat der Trennung wird die Frage des Unterhalts akut.

Beispiel:

Der berufstätige Partner ist aus der Ehewohnung ausgezogen und hat das Haushaltskonto gesperrt. Der die Kinder betreuende Partner muss nun irgendwie die Miete bezahlen und benötigt Geld für den täglichen Einkauf etc.

Sorgerecht

Häufig kommt es auch zu Problemen im Zusammenhang mit dem Sorgerecht für die Kinder. Ein richtiger Streit unter den Ehegatten muss da nicht einmal vorliegen.

Beispiel:

Die Mutter möchte mit dem minderjährigen Kind nach Marokko in den Urlaub reisen und beantragt beim Einwohnermeldeamt einen Kinderausweis. Leben die Ehegatten getrennt, wird die Einwohnermeldebehörde den Ausweis nur ausstellen, wenn auch der Vater den Antrag unterschreibt. Ist dieser nicht erreichbar, muss unter Umständen die Reise verschoben werden, es sei denn, es würde bereits ein Beschluss über das Sorgerecht existieren, welchen die Mutter der Einwohnermeldebehörde vorlegt.

Umgangsrecht

Auch eine Regelung zum Umgangsrecht kann bereits im Trennungsjahr erforderlich werden.

Beispiel:

Die Ehegatten hatten vereinbart, dass der Vater das Kind am zweiten Weihnachtsfeiertag zu sich nimmt und mit ihm eine Woche zum Skifahren geht. Die Mutter bricht diese Vereinbarung und hat eine zweiwöchige Reise während der gesamten Weihnachtsferien mit dem Kind nach Frankreich zu den Großeltern gebucht. Der Vater will zwar nicht das alleinige Sorgerecht, aber doch wenigstens mit dem Kind den vereinbarten Skiurlaub verbringen.

Ehewohnung

Zankapfel bereits während des Trennungsjahres oder gerade im Trennungsjahr ist verständlicherweise die Ehewohnung.

Beispiel:

Beide Partner haben zwar festgestellt, dass die ständigen Streitereien nur beendet werden können, wenn man sich trennt. Aber wie die Trennung vonstatten gehen soll, ist noch nicht ganz klar, weil beide in der Ehewohnung bleiben wollen, da es sich bei dieser um ein Schnäppchen in besonders schöner Wohngegend handelt. Aufgrund der Raumaufteilung kommt aber innerhalb der Ehewohnung eine Trennung nicht in Betracht. Somit kann bereits im Trennungsjahr eine gerichtliche Zuweisung der ehelichen Wohnung an nur einen Partner erforderlich werden.

Hausrat

Große Streitereien gerade im Trennungsjahr gibt es hin und wieder über die Verteilung des Hausrats.

Beispiel:

Zwar konnte über die Trennung eine Einigung erzielt werden und auch darüber, dass der Ehemann die Wohnung der Frau mit dem gemeinsamen Kind überlässt. Erbittert wird jedoch darüber gestritten, ob der Mann den erst kürzlich angeschafften Fernseher mitnehmen darf.

In all den eben genannten Beispielfällen wird unter Umständen ein sofortiges gerichtliches Einschreiten erforderlich, was das Scheidungsverfahrensrecht grundsätzlich zulässt. Auch wenn eine Scheidung noch nicht zulässig ist, können einzelne Folgesachen bereits geregelt werden. Die Regelungen erfolgen nur vorläufig per einstweiliger Anordnung, das heißt vorbehaltlich einer anderen Entscheidung nach vertiefter Prüfung im späteren Scheidungsverfahren.

Checkliste: Wichtige Fragen im Trennungsjahr klären

- **Unterhalt:**
  - Wer wird künftig für den Unterhalt der Kinder aufkommen?
  - Welche Unterhaltsforderungen wird der Ehepartner verlangen?
- **Sorgerecht:** Welche Regelung wird zum Sorgerecht für die Kinder getroffen?

- **Umgangsrecht:** Wie wird der Umgang der Ehegatten mit den Kindern geregelt?
- **Ehewohnung:** Wer wird die Ehewohnung behalten, wer muss ausziehen?
- **Hausrat:**
  - Wie wird der Hausrat aufgeteilt?
  - Wer darf was mitnehmen?

Trennungsunterhalt: Wann muss gezahlt werden?

Nicht erst nach der Scheidung, sondern bereits wenn die Ehegatten getrennt leben, kann ein Ehegatte von dem anderen einen den Lebensverhältnissen und den Erwerbs- und Vermögensverhältnissen der Ehegatten angemessenen Unterhalt verlangen (§ 1361 Abs. 1 BGB).

Der nicht erwerbstätige Ehegatte kann nur dann darauf verwiesen werden, seinen Unterhalt durch Erwerbstätigkeit selbst zu verdienen, wenn

- das von ihm nach seinen persönlichen Verhältnissen, insbesondere wegen seiner früheren Erwerbstätigkeit, unter Berücksichtigung der Dauer der Ehe und
- nach den wirtschaftlichen Verhältnissen beider Ehegatten

erwartet werden kann (§ 1361 Abs. 1 BGB).

Wichtig: Der Trennungsunterhalt muss in Geld gewährt werden und zwar monatlich im Voraus (§ 1361 Abs. 4 Satz 1, 2 BGB).

Seit der letzten Reform des Unterhaltsrechts wurde die nacheheliche Eigenverantwortung gestärkt; der Trennungsunterhalt blieb von der Reform weitgehend unberührt. Die Fragen der Eigenverantwortung und des Selbstbehalts stellen sich verstärkt erst in Richtung Scheidung und vor allem nach der Scheidung.

Umfang und Höhe des Trennungsunterhalts

Bei der Berechnung des Umfangs des Trennungsunterhalts kommt es stets (anders als beim Unterhalt nach der Scheidung) maßgebend auf die ehelichen Lebensverhältnisse an.

Bedürftigkeit und Leistungsfähigkeit

Der Anspruch auf Trennungsunterhalt setzt grundsätzlich Bedürftigkeit des Unterhaltsberechtigten und Leistungsfähigkeit des Unterhaltsverpflichteten voraus. Mangelnde Bedürftigkeit kann den Unterhaltsanspruch ausschließen oder mindern. Ebenso kann mangelnde Leistungsfähigkeit zu einem Unterhaltsausschluss bzw. zu einer verminderten Zahlungspflicht führen.

Die Schwierigkeit der Unterhaltsberechnung liegt darin, das für den Unterhalt einsetzbare Einkommen zu bewerten.

Bedürftigkeit des Unterhaltsberechtigten

Bedürftigkeit liegt nicht vor, solange der Ehegatte über ausreichende eigene Einkünfte verfügt, mit denen er seinen Unterhalt bestreiten kann. Soweit die Kinderbetreuung dem nicht entgegensteht, ist eine eigene Erwerbstätigkeit zumutbar.

Bei zumutbarer Erwerbstätigkeit werden die Einkünfte, die hätten erzielt werden können, fiktiv hinzugerechnet. Dazu zählt auch das eigentlich an Fremde zu zahlende Entgelt bei der Haushaltsführung für den neuen Partner, allerdings nur, sofern eine eheähnliche Lebensgemeinschaft besteht.

Ebenso bedarfsmindernd wirkt, wenn vom nichtehelichen neuen Partner Unterhaltsleistungen in Geld oder Naturalleistungen (z. B. Einkauf der Lebensmittel, mietfreies Wohnen) empfangen werden. Das mietfreie Wohnen ist sogar dann bedarfsmindernd, wenn nicht der Leistungspflichtige die Miete bezahlt oder diesem die Wohnung gehört, sondern auch, wenn diese im Eigentum des Bedürftigen steht.

Den Vermögensstamm braucht der Unterhaltsberechtigte für seinen Bedarf dagegen nicht anzutasten.

Achtung: Schulden des Unterhaltsberechtigten jedoch erhöhen regelmäßig nicht dessen Bedürftigkeit.

Checkliste: Bedarfsminderung des Unterhaltsberechtigten

- Der Ehegatte verfügt über eigene Einkünfte.
- Eine eigene Erwerbstätigkeit des Unterhaltsberechtigten ist zumutbar.
- Vom nichtehelichen neuen Lebenspartner werden Unterhaltsleistungen in Geld und Naturalien erbracht.

Leistungsfähigkeit des Unterhaltsverpflichteten

Derjenige, der zur Zahlung des Trennungsunterhalts verpflichtet ist, muss zur Erbringung der Zahlungsleistung fähig sein. Einkünfte sowie Vermögen und das, was er verdienen könnte, beweisen seine Leistungsfähigkeit. Unter Umständen muss der Unterhaltsverpflichtete auf den Vermögensstamm zurückgreifen, um den Trennungsunterhalt zahlen zu können.

Als Selbstbehalt verbleibt dem Unterhaltsverpflichteten zumindest der monatliche Eigenbedarf, der derzeit 1.280 Euro bei erwerbstätigen und 1.180 Euro bei nicht erwerbstätigen Unterhaltsverpflichteten beträgt (Stand: 01.01.2022).

Leistungsmindernd wirken sich Unterhaltsverpflichtungen gegenüber Kindern, auch nicht ehelichen oder aus früherer Ehe, aus.

Achtung: Schulden des Unterhaltsverpflichteten vermindern jedoch regelmäßig nicht dessen Leistungsfähigkeit.

Checkliste: Leistungsfähigkeit des Unterhaltsverpflichteten

- Der Ehegatte verfügt über Vermögen und hat ein regelmäßiges Einkommen.
- Dem Unterhaltsverpflichteten verbleibt nach Zahlung des Trennungsunterhalts der notwendige Eigenbedarf.

- Unterhaltsverpflichtungen gegenüber Kindern wirken leistungsmindernd.

Unterhaltsumfang in Euro und Cent

Die Ausführungen zur Bedürftigkeit und zur Leistungsfähigkeit können Ihnen leider nur Verhandlungsargumente zu einer einvernehmlichen Regelung zwischen Ihnen und Ihrem Ehepartner liefern. Wenn Sie sich nicht einigen, ist eine genaue Unterhaltsberechnung erforderlich, die eine fachmännische Prüfung im Einzelfall – welche Einkünfte nun exakt in Ansatz gebracht werden dürfen – notwendig macht.

3

Faustregel zum Unterhaltsumfang

Der voll bedürftige Ehegatte hat Anspruch auf 3/7 vom Nettoeinkommen des Unterhaltsverpflichteten, von dem zuvor noch der Kindesunterhalt abgezogen wird.

Beispiel:

Der Ehemann hat monatliche Nettoeinkünfte in Höhe von 4.000 Euro und bezahlt einen mit der Ehefrau vereinbarten monatlichen Kindesunterhalt in Höhe von 500 Euro. Die Ehefrau hat keine eigenen Einkünfte.
Die 4.000 Euro sind um den Kindesunterhalt zu bereinigen, so dass 3.500 Euro verbleiben. Hiervon erhält die Ehefrau 3/7, das heißt 1.500 Euro. Dem Ehemann verbleiben 2.000 Euro. Den Kindesunterhalt in Höhe von 500 Euro erhält derjenige, bei dem das Kind wohnt.

Herabsetzung des Unterhaltsanspruchs aus Billigkeitsgründen

Der grundsätzlich bestehende Unterhaltsanspruch kann aus Billigkeitsgründen herabgesetzt oder zeitlich begrenzt werden, soweit die Inanspruchnahme des Unterhaltsverpflichteten auch unter Wahrung der Belange eines gemeinsamen Kindes grob unbillig wäre. Der Unterhalt kann bei grober Unbilligkeit beschränkt oder versagt werden.

Eine grobe Unbilligkeit liegt vor, wenn

- die Ehe von kurzer Dauer war, wobei der Kinderbetreuungsunterhalt vorgeht.
- der Berechtigte in einer verfestigten Lebensgemeinschaft lebt.
- der Unterhaltsberechtigte sich eines Verbrechens oder eines schweren vorsätzlichen Vergehens gegen den Unterhaltsverpflichteten oder einen nahen Angehörigen des Unterhaltsverpflichteten schuldig gemacht hat (z. B. schwere Körperverletzung, Falschaussage im Unterhaltsprozess).
- der Unterhaltsberechtigte seine Bedürftigkeit mutwillig herbeigeführt hat (z. B. Ausschlagung einer angebotenen Verdienstmöglichkeit, Selbstverstümmelung, Verringerung der Anstellungschancen wegen Wohnungswechsels aufs Land).
- der Unterhaltsberechtigte sich über schwerwiegende Vermögensinteressen des Unterhaltsverpflichteten mutwillig hinweggesetzt hat (z. B. Denunziationen gegenüber Geschäftspartnern, wissentlich falsche oder leichtfertige Strafanzeigen).
- der Unterhaltsberechtigte vor der Trennung längere Zeit hindurch seine Pflicht, zum Familienunterhalt beizutragen, grob verletzt hat (z. B. Vernachlässigung der Sorge für die Kinder über längere Zeit).
- dem Unterhaltsberechtigten ein offensichtlich schwerwiegendes, eindeutig bei ihm liegendes Fehlverhalten gegen den Verpflichteten zur Last fällt (z. B. Trennung aus einer reinen Laune heraus, ohne äußeren Anlass, oder Ehebruch, es sei denn, der andere hat sich seinerseits von den ehelichen Bindungen losgesagt).
- ein anderer Grund vorliegt, der ebenso schwer wiegt wie die eben aufgeführten Gründe (z. B. Prostitution, Unterhaltsneurose).

Achtung: Seit der letzten Reform des Unterhaltsrechts ist ein vertraglicher Verzicht auf Unterhaltsansprüche nur noch wirksam, wenn sichergestellt ist, dass beide Parteien über die im Einzelfall weitreichenden Folgen umfassend aufgeklärt worden sind. Unterhaltsvereinbarungen vor der Scheidung müssen daher seit der Reform des Unterhaltsrechts notariell beurkundet werden.

4.

Zum Wohl des Kindes

Die Höhe des Kindesunterhalts

Derjenige, der das Kind aufzieht und bei dem es wohnt, leistet Naturalunterhalt (z. B. Kochen, Waschen). Der andere Unterhaltspflichtige leistet monatlich im Voraus Unterhalt in Form von Geld.

Der sogenannten Düsseldorfer Tabelle (Stand: 01.01.2022) sind die Höhe der Beträge für den angemessenen Kindesunterhalt zu entnehmen. Diese richtet sich nach dem Einkommen des Unterhaltspflichtigen und dem Alter des zu versorgenden Kindes.

> **Wichtig:** Die Tabelle hat keine Gesetzeskraft, sondern ist nur eine Richtlinie. Sie finden sie stets aktuell auf der Seite des OLG Düsseldorf oder unter: www.walhalla.de/elternunterhalt

Unterhalt nach der Düsseldorfer Tabelle

Angemessener Unterhalt		
Kind von 0–5 Jahren		
1.	Nettoeinkommen des Unterhaltspflichtigen bis 1.900 EUR	**396 EUR**
2.	Nettoeinkommen des Unterhaltspflichtigen von 1.901 EUR bis 2.300 EUR	**416 EUR**
3.	Nettoeinkommen des Unterhaltspflichtigen von 2.301 EUR bis 2.700 EUR	**436 EUR**
4.	Nettoeinkommen des Unterhaltspflichtigen von 2.701 EUR bis 3.100 EUR	**456 EUR**
5.	Nettoeinkommen des Unterhaltspflichtigen von 3.101 EUR bis 3.500 EUR	**476 EUR**
6.	Nettoeinkommen des Unterhaltspflichtigen von 3.501 EUR bis 3.900 EUR	**507 EUR**
7.	Nettoeinkommen des Unterhaltspflichtigen von 3.901 EUR bis 4.300 EUR	**539 EUR**
8.	Nettoeinkommen des Unterhaltspflichtigen von 4.301 EUR bis 4.700 EUR	**571 EUR**

Angemessener Unterhalt		
9.	Nettoeinkommen des Unterhaltspflichtigen von 4.701 EUR bis 5.100 EUR	**602 EUR**
10.	Nettoeinkommen des Unterhaltspflichtigen von 5.101 EUR bis 5.500 EUR	**634 EUR**
11.	Nettoeinkommen des Unterhaltspflichtigen von 5.501 EUR bis 6.200 EUR	**666 EUR**
12.	Nettoeinkommen des Unterhaltspflichtigen von 6.201 EUR bis 7.000 EUR	**697 EUR**
13.	Nettoeinkommen des Unterhaltspflichtigen von 7.001 EUR bis 8.000 EUR	**729 EUR**
14.	Nettoeinkommen des Unterhaltspflichtigen von 8.001 EUR bis 9.500 EUR	**761 EUR**
15.	Nettoeinkommen des Unterhaltspflichtigen von 9.501 EUR bis 11.000 EUR	**792 EUR**

Angemessener Unterhalt		
Kind von 6–11 Jahren		
1.	Nettoeinkommen des Unterhaltspflichtigen bis 1.900 EUR	**455 EUR**
2.	Nettoeinkommen des Unterhaltspflichtigen von 1.901 EUR bis 2.300 EUR	**478 EUR**
3.	Nettoeinkommen des Unterhaltspflichtigen von 2.301 EUR bis 2.700 EUR	**501 EUR**
4.	Nettoeinkommen des Unterhaltspflichtigen von 2.701 EUR bis 3.100 EUR	**524 EUR**
5.	Nettoeinkommen des Unterhaltspflichtigen von 3.101 EUR bis 3.500 EUR	**546 EUR**
6.	Nettoeinkommen des Unterhaltspflichtigen von 3.501 EUR bis 3.900 EUR	**583 EUR**
7.	Nettoeinkommen des Unterhaltspflichtigen von 3.901 EUR bis 4.300 EUR	**619 EUR**
8.	Nettoeinkommen des Unterhaltspflichtigen von 4.301 EUR bis 4.700 EUR	**656 EUR**

4

4

Angemessener Unterhalt		
9.	Nettoeinkommen des Unterhaltspflichtigen von 4.701 EUR bis 5.100 EUR	**692 EUR**
10.	Nettoeinkommen des Unterhaltspflichtigen von 5.101 EUR bis 5.500 EUR	**728 EUR**
11.	Nettoeinkommen des Unterhaltspflichtigen von 5.501 EUR bis 6.200 EUR	**765 EUR**
12.	Nettoeinkommen des Unterhaltspflichtigen von 6.201 EUR bis 7.000 EUR	**801 EUR**
13.	Nettoeinkommen des Unterhaltspflichtigen von 7.001 EUR bis 8.000 EUR	**838 EUR**
14.	Nettoeinkommen des Unterhaltspflichtigen von 8.001 EUR bis 9.500 EUR	**874 EUR**
15.	Nettoeinkommen des Unterhaltspflichtigen von 9.501 EUR bis 11.000 EUR	**910 EUR**

Angemessener Unterhalt		
Kind von 12–17 Jahren		
1.	Nettoeinkommen des Unterhaltspflichtigen bis 1.900 EUR	**533 EUR**
2.	Nettoeinkommen des Unterhaltspflichtigen von 1.901 EUR bis 2.300 EUR	**560 EUR**
3.	Nettoeinkommen des Unterhaltspflichtigen von 2.301 EUR bis 2.700 EUR	**587 EUR**
4.	Nettoeinkommen des Unterhaltspflichtigen von 2.701 EUR bis 3.100 EUR	**613 EUR**
5.	Nettoeinkommen des Unterhaltspflichtigen von 3.101 EUR bis 3.500 EUR	**640 EUR**
6.	Nettoeinkommen des Unterhaltspflichtigen von 3.501 EUR bis 3.900 EUR	**683 EUR**
7.	Nettoeinkommen des Unterhaltspflichtigen von 3.901 EUR bis 4.300 EUR	**725 EUR**
8.	Nettoeinkommen des Unterhaltspflichtigen von 4.301 EUR bis 4.700 EUR	**768 EUR**

Angemessener Unterhalt		
9.	Nettoeinkommen des Unterhaltspflichtigen von 4.701 EUR bis 5.100 EUR	**811 EUR**
10.	Nettoeinkommen des Unterhaltspflichtigen von 5.101 EUR bis 5.500 EUR	**853 EUR**
11.	Nettoeinkommen des Unterhaltspflichtigen von 5.501 EUR bis 6.200 EUR	**896 EUR**
12.	Nettoeinkommen des Unterhaltspflichtigen von 6.201 EUR bis 7.000 EUR	**939 EUR**
13.	Nettoeinkommen des Unterhaltspflichtigen von 7.001 EUR bis 8.000 EUR	**981 EUR**
14.	Nettoeinkommen des Unterhaltspflichtigen von 8.001 EUR bis 9.500 EUR	**1.024 EUR**
15.	Nettoeinkommen des Unterhaltspflichtigen von 9.501 EUR bis 11.000 EUR	**1.066 EUR**

4

Angemessener Unterhalt		
Kind ab 18 Jahren		
1.	Nettoeinkommen des Unterhaltspflichtigen bis 1.900 EUR	**569 EUR**
2.	Nettoeinkommen des Unterhaltspflichtigen von 1.901 EUR bis 2.300 EUR	**598 EUR**
3.	Nettoeinkommen des Unterhaltspflichtigen von 2.301 EUR bis 2.700 EUR	**626 EUR**
4.	Nettoeinkommen des Unterhaltspflichtigen von 2.701 EUR bis 3.100 EUR	**655 EUR**
5.	Nettoeinkommen des Unterhaltspflichtigen von 3.101 EUR bis 3.500 EUR	**683 EUR**
6.	Nettoeinkommen des Unterhaltspflichtigen von 3.501 EUR bis 3.900 EUR	**729 EUR**
7.	Nettoeinkommen des Unterhaltspflichtigen von 3.901 EUR bis 4.300 EUR	**774 EUR**
8.	Nettoeinkommen des Unterhaltspflichtigen von 4.301 EUR bis 4.700 EUR	**820 EUR**

Angemessener Unterhalt		
9.	Nettoeinkommen des Unterhaltspflichtigen von 4.701 EUR bis 5.100 EUR	**865 EUR**
10.	Nettoeinkommen des Unterhaltspflichtigen von 5.101 EUR bis 5.500 EUR	**911 EUR**
11.	Nettoeinkommen des Unterhaltspflichtigen von 5.501 EUR bis 6.200 EUR	**956 EUR**
12.	Nettoeinkommen des Unterhaltspflichtigen von 6.201 EUR bis 7.000 EUR	**1.002 EUR**
13.	Nettoeinkommen des Unterhaltspflichtigen von 7.001 EUR bis 8.000 EUR	**1.047 EUR**
14.	Nettoeinkommen des Unterhaltspflichtigen von 8.001 EUR bis 9.500 EUR	**1.093 EUR**
15.	Nettoeinkommen des Unterhaltspflichtigen von 9.501 EUR bis 11.000 EUR	**1.138 EUR**

Die Tabelle weist angemessene Unterhaltsbeträge unter Berücksichtigung von Unterhaltszahlungen gegenüber zwei Unterhaltsberechtigten aus. Sollte die Zahl Unterhaltsberechtigter größer oder kleiner sein, ist eine entsprechend höhere oder niedrigere Stufe zu wählen.

Beispiel:

Zur Herabsetzung bzw. Minderung des Kindesunterhalts bei über das übliche Maß hinausgehender Ausübung des Umgangsrechts durch den Barunterhaltspflichtigen vgl. BGH, Beschluss vom 12.03.2014 (Az. XII ZR 234/13, NJW 2014, 1958).

Mit der letzten Reform des Kindesunterhaltsrechts wurde der Mindestunterhalt durch die gesetzliche Definition eines einheitlichen Mindestunterhalts für minderjährige Kinder vereinfacht. Dieser Mindestunterhalt minderjähriger Kinder wurde in Anlehnung an den steuerlichen Freibetrag für das sächliche Existenzminimum (Kinderfreibetrag) gesetzlich definiert; das Unterhaltsrecht wurde insoweit an das Steuer- und Sozialrecht angepasst. Mit dem einheitlichen Mindestunterhalt wurde außerdem die bis dahin bestehende Differenzierung bei den

Unterhaltssätzen für Kinder in den alten und neuen Bundesländern aufgehoben.

Die Höhe des Mindestunterhalts ist direkt an das Existenzminimum gekoppelt. Der Mindestunterhalt orientiert sich unmittelbar am steuerfrei zu stellenden sächlichen Existenzminimum der Kinder (§ 1612a BGB). Das Bundesministerium der Justiz und für Verbraucherschutz legt den Mindestunterhalt alle zwei Jahre durch eine Rechtsverordnung fest (Mindestunterhaltsverordnung).

Die Richtsätze der ersten Einkommensgruppe der Düsseldorfer Tabelle entsprechen dem Mindestbedarf der Mindestunterhaltsverordnung.

Das Kindschaftsrecht

Der Gesetzgeber hatte zuletzt 1998 das Kindschaftsrecht geregelt und dabei mehr oder weniger berücksichtigt, dass eine Familie heute nicht mehr nur aus Ehefrau, Ehemann und Kindern besteht, sondern oft nur aus Mutter, Kind und Lebensgefährte, aus Vater, Kind und Lebensgefährtin, aus Mutter, Vater und Kind, wobei Vater und Mutter nicht verheiratet sind, oder aus einer sogenannten Patchwork-Familie, das heißt Lebensgefährte, Lebensgefährtin und Kindern von verschiedenen früheren Lebensgefährten oder Lebensgefährtinnen.

Nicht zur Stärkung dieser neuen Lebensformen, sondern zum Wohl vor allem des nichtehelichen Kindes traten mit der Kindschaftsrechtsreform einige wesentliche Neuerungen in Kraft, die sich auch auf eheliche Kinder auswirken.

Altes Recht

Der Vater hatte nach alter Rechtslage grundsätzlich wenig Chancen, das Sorgerecht für sein eigenes Kind zu bekommen.

Gänzlich unbekannt war dem alten Recht die Frage, ob das Kind ein Umgangsrecht hat und ob es einen Anspruch auf Umgang mit Vater oder Mutter hat, wenn Vater oder Mutter das Kind gar nicht sehen wollen.

Wenn sich die Mutter von ihrem Ehemann trennte und mit einem neuen Partner ein Kind bekam, war das Kind, das aus der neuen Lebensgemeinschaft stammte, ein eheliches Kind der alten Ehe, wenn es noch im gesetzlich relevanten Zeitraum während nur noch formal bestehender Ehe empfangen wurde. Ein Anfechtungsrecht der Mutter bestand nicht. Ebenso nicht ein Anfechtungsrecht des Kindes, solange die Ehe noch bestand. Auch war eine Einigung zwischen Mutter, früherem Ehemann und neuem Partner vom Gesetz nicht vorgesehen.

Aktuelles Recht

Bei verheirateten Eltern gilt automatisch das gemeinsame Sorgerecht. Seit der Reform des Kindschaftsrechts hat sich die rechtliche Situation des Kindes wesentlich verbessert. Auch die Rechtsposition der Eltern – soweit diese mit dem Wohl des Kindes vereinbar ist – wurde gestärkt.

Wenn der Vater oder die Mutter das Kind nicht sehen will oder das Umgangsrecht nur unzuverlässig wahrnimmt, kann das Kind über das Jugendamt einen Antrag auf Durchsetzung des Umgangsrechts oder Besuchsrechts stellen.

Auch kann das „nichteheliche Kind“, das während einer bestehenden Ehe geboren wurde, aber von dem neuen Lebensgefährten der Mutter stammt, während bestehender Ehe die zwar juristisch zunächst schon, aber tatsächlich nicht gegebene Vaterschaft gegenüber dem Ex-Ehemann der Mutter anfechten. Ebenso kann die Mutter die Vaterschaft anfechten. Es ist auch möglich, dass sich Ex-Ehemann, der natürliche Vater sowie die Mutter darauf einigen, den natürlichen Vater zum wirklichen Vater zu erklären.

Ferner kann zur Wahrung der Belange des Kindes ein unabhängiger „Anwalt“ des Kindes eingesetzt werden. Dies kann ein Rechtsanwalt, Sozialarbeiter, Kinderpsychologe oder Richter sein.

Kindschaftsrecht im Überblick:

- Anspruch des Kindes auf Eltern, das heißt sowohl auf Mutter als auch auf Vater
- Regelmäßig gilt das gemeinsame Sorgerecht.
- Bei allen familienrechtlichen Entscheidungen steht das Kindeswohl im Mittelpunkt.
- In vielen Bereichen werden Vater und Mutter dazu aufgefordert, ohne Hilfe der Justiz Konflikte selbst zu lösen.

Das Sorge- und Umgangsrecht

Regelungen in diesen Bereichen empfehlen sich bereits im Trennungsjahr dringend. Die tatsächlichen Umstände ändern sich vor allem dann, wenn die Ehegatten nicht in der gemeinsamen Ehewohnung getrennt leben, sondern einer ausgezogen ist oder beide eine neue Wohnung genommen haben.

> ***Praxis-Tipp:***
>
> *Regelungen auf freiwilliger Basis je nach Zeit und Möglichkeiten sind zwar praktischer, funktionieren aber leider nur in den seltensten Fällen. Meist endet das irgendwann in einer heftigen Auseinandersetzung. Treffen Sie daher besser gleich im Vorhinein feste Vereinbarungen, solange es noch nicht zum Streit gekommen ist.*

Auch wenn das Sorgerecht einem der Partner alleine übertragen werden kann, empfiehlt sich zum Wohl des Kindes regelmäßig das gemeinsame Sorgerecht, das seit der Kindschaftsrechtsreform grundsätzlich automatisch gilt.

Beispiel:

Zu den hohen Anforderungen einer richterlichen Aufhebung des gemeinsamen Sorgerechts bei heillos zerstrittenen Eltern vgl. OLG Brandenburg, Beschluss vom 17.02.2014 (Az. 13 UF 175/13, NJW 2014, 1824).

Zur praktischen Durchführbarkeit beim Getrenntleben der Ehegatten muss jedoch vereinbart werden, bei welchem von beiden Ehegatten das Kind wohnt. Es kann dem Kind nämlich nicht zugemutet werden, dass es wöchentlich oder gar täglich zwischen den beiden Wohnungen hin und her pendelt.

Etwas anderes gilt, wenn die Wohnungen von Mutter und Vater nahe beieinanderliegen. Dann kann ein sogenanntes Wechselmodell angedacht werden, beispielsweise dass die Kinder die erste Hälfte der Woche bei der Mutter verbringen und die zweite Hälfte beim Vater oder wöchentlich getauscht wird. Ein Wechselmodell setzt in der Regel Konsensfähigkeit unter den Eltern voraus.

Beispiel:

Zur Problematik des Wechselmodells in der Rechtsprechungspraxis vgl. OLG Saarbrücken, Beschluss vom 08.09.2014 (Az. 6 UF 62/14, NJW-RR 2015, 135); OLG Naumburg, Beschluss vom 14.07.2014 (Az. 4 UF 151/13, NJW 2015, 494); OLG Brandenburg, Beschluss vom 17.03.2014 (Az. 10 UF 244/13, NJOZ 2015, 161); BGH, Beschluss vom 01.02.2017 (Az. XII ZB 601/15, NZFam 2017, 206) und vom 27.11.2019 (Az. XII ZB 512/18, NZFam 2020, 116).

Derjenige, bei dem das Kind wohnt, muss zusätzlich vom anderen Ehegatten für eilige Entscheidungen mit einer umfassenden Vollmacht hinsichtlich des Sorgerechts ausgestattet werden, vor allem, wenn die Wohnungen der getrennt lebenden Eltern nicht nah beieinander liegen.

Wichtig: Bei getrennten Wohnungen in unterschiedlichen Städten oder wenn die Partner besonders zerstritten sind, kann um einer kontinuierlichen Erziehung willen über das alleinige Sorgerecht nachgedacht werden. Was letztlich besser ist, kann nur im Einzelfall entschieden werden. In jedem Fall hat jedoch allein das Wohl des Kindes im Vordergrund zu stehen und keinesfalls die Selbstverwirklichung eines der Ehegatten.

Umfang des Umgangsrechts

Bei der Frage nach dem Umfang des Umgangsrechts ist zu beachten, dass es regelmäßig dem Wohl und dem Wunsch des Kindes entspricht, wenn ein großzügiges Umgangsrecht vereinbart wird. Andererseits darf das Kind nicht ständig aus seiner gewohnten Umgebung gerissen werden und sozusagen zwischen „Tür und Angel“ leben.

Die Eltern dürfen dabei keinesfalls an ihre eigenen Interessen denken. Auch wenn der Einfluss des Vaters oder der Mutter angeblich noch so schädlich für das Kind sein mag, wird dies – von seltenen Ausnahmefällen abgesehen – kaum so schlimm für das Kind sein wie die Tatsache, ohne Vater oder ohne Mutter aufwachsen zu müssen.

Auch müssen sonstige Eigeninteressen der Eltern zurückgestellt werden. Ein großzügiges Umgangsrecht kann praktikabel nur ausgeübt werden, wenn der Partner, dem es zusteht, dies auch ausüben kann. Das ist aber nicht möglich, wenn der Vater beispielsweise nach Berlin zieht und die Mutter mit dem Kind in München wohnen bleibt. In einem solchen Fall sollte die Entscheidung des Vaters zum Umzug nach Berlin lieber überdacht werden.

Achtung: Es dient nicht dem Wohl des Kindes, wenn die Eltern jeweils der Meinung sind, es sei das Beste für das Kind, wenn es gerade Weihnachten, Ostern, Geburtstage oder die Ferien mit ihm und nicht dem anderen Elternteil verbringt. Hinter dieser oft wohl gemeinten Sorge der Eltern steckt leider regelmäßig der reine Egoismus. Das Kind möchte diese Höhepunkte des Jahres mit seltenen Ausnahmen grundsätzlich bei beiden Elternteilen verbringen.

Vereinbarung zum Umgangsrecht

Eine Vereinbarung, in der das Umgangsrecht geregelt wird, könnte folgendermaßen formuliert werden:

Muster: Vereinbarung zum Umgangsrecht

Die Beteiligten sind sich einig, dass ein großzügiger Umgang des Kindes mit dem Vater stattfinden soll. Grundsätzlich soll das Kind seinen Vater jederzeit anrufen oder besuchen bzw. von diesem besucht werden können, wenn es das Kind will und in diesem Wunsch nicht ausschließlich eine Trotzreaktion gegenüber der Mutter liegen sollte. Andererseits wirken beide Beteiligten auf ein regelmäßiges Umgangsrecht wie folgt hin: Der Vater wird das Kind an jedem zweiten Wochenende in der Zeit von Freitag nach der Schule/dem Kindergrten bis Montag vor der Schule/den Kindergarten zu sich nehmen. Ferner am 2. Weihnachtsfeiertag, Ostermontag und Pfingstmontag, jeweils von 17.00 Uhr des Vorabends bis 18.00 Uhr des folgenden Tages.

Die Sommerferien verbringt das Kind zur Hälfte beim Vater. Ebenso verbringt das Kind eine Woche der Weihnachtsferien und eine Woche der Osterferien beim Vater. Will die Mutter die gesamten Weihnachtsferien einschließlich Feiertage mit dem Kind wegfahren, verbringt das Kind die gesamten Osterferien einschließlich Feiertage beim Vater.
Die Besuchszeiten für Ferien und Feiertage sprechen die Beteiligten jeweils drei Monate vorher ab.

Zusätzlich kann beispielsweise ein fester Nachmittag unter der Woche vereinbart werden:

Muster: Zusatzvereinbarung

Auch verbringt das Kind jeden Mittwochnachmittag nach der Schule/dem Kindergarten bis 18.00 Uhr bei seinem Vater.

Gerade eine Vereinbarung über das Umgangsrecht halten viele Partner für überflüssig und zwar dann, wenn sie sich erst frisch getrennt haben. Die Praxis zeigt aber, dass die anfängliche Großzügigkeit oft schnell weicht, vor allem, wenn neue Partner ins Spiel kommen.

Praxis-Tipp:

Eine bereits vorliegende Vereinbarung zum Umgangsrecht ist nicht nur unter dem Aspekt sinnvoll, dass der eine Elternteil den anderen zur Einhaltung der Vereinbarung auffordern kann, sondern auch dahingehend, dass sich die Partner und vor allem das Kind an einen (weil vereinbart) nicht so leicht abänderbaren Rhythmus gewöhnen können.

Mit dem Jugendamt zusammenarbeiten

Mit der Stellung eines Antrags auf eine vorläufige Regelung des Sorgerechts im Trennungsjahr oder auf endgültige Regelung im Scheidungsverfahren wird sich das Jugendamt mit den Ehegatten als Eltern in Verbindung setzen, um bei der Entscheidung zu helfen, ob das gemeinsame Sorgerecht sinnvoll ist oder besser das Sorgerecht alleine auf einen der

Ehegatten übertragen werden sollte, und wie dann das Umgangsrecht gestaltet werden kann.

Die Zusammenarbeit mit dem Jugendamt hat Vorteile. Zum einen hat man es mit Fachleuten zu tun, die aufgrund ihrer Ausbildung und beruflichen Erfahrung professionellen Rat geben können, wie mit der für die Entwicklung des Kindes stets schädlichen Situation einer Trennung der Eltern umgegangen werden kann.

Zum anderen wird das Jugendamt dem Gericht für dessen Entscheidung eine Stellungnahme abgeben, welche auf die Entscheidung des Gerichts großen Einfluss nimmt, wenn auch diese allein im Ermessen des Gerichts liegt und der Familienrichter nicht nur juristisch geschult ist.

> ***Praxis-Tipp:***
>
> *Es empfiehlt sich, gut mit dem Jugendamt zusammenzuarbeiten.*

5.

Wohnung, Hausrat, Finanzen

Was wird aus der Ehewohnung?

Hinsichtlich der Ehewohnung muss bereits zu Beginn der Trennung eine Regelung getroffen werden, da das Leben in der Ehewohnung bzw. die Aufgabe der Ehewohnung entscheidendes Kriterium für die bei der Scheidung zentral zu erörternde Frage nach der Trennung ist, das heißt, ob eine Trennung und damit eine Zerrüttung – ein Scheidungsgrund – überhaupt vorliegt.

Achtung: Will keiner der Ehegatten die Ehewohnung behalten, muss der Mietvertrag gekündigt werden. Sofern beide Ehegatten Mieter sind, müssen auch beide Ehegatten die Kündigung aussprechen. Steht die Wohnung im Eigentum eines oder auch beider Ehegatten, sollte diese rasch weitervermietet werden, damit kein Mietzinsausfall entsteht.

Beide in einer Wohnung

Wollen beide die Ehewohnung behalten, müssen die Räumlichkeiten zur Erfüllung der gesetzlichen Voraussetzungen einer Trennung aufgeteilt werden. Ist das nicht möglich, weil die Räumlichkeiten der Wohnung zu einer Aufteilung nicht geeignet sind oder die Partner in der Wohnung nicht gemeinsam wohnen bleiben wollen oder können, muss einer ausziehen. Der Auszug sollte bei einer Mietwohnung mit dem Vermieter dergestalt abgeklärt werden, dass der Vermieter den Ausziehenden aus dem Mietvertrag entlässt.

Bei schwerer Härte

Haben sich die Partner zur Trennung entschlossen oder will nur einer von beiden getrennt leben, kann ein Ehegatte sogar gegen den Willen des anderen nach dem Gesetz (§ 1361b Abs. 1 BGB) verlangen, dass ihm der andere die Ehewohnung oder einen Teil davon zur alleinigen Benutzung überlässt. Das gilt auch, wenn der Ausziehende der Eigentümer der Wohnung ist. Sollte sich dieser weigern, den anderen in der Wohnung zu belassen, kann sich jener die Wohnung gerichtlich zuweisen lassen, allerdings nur, soweit das notwendig ist, um eine schwere Härte zu vermeiden.

Für die Annahme einer schweren Härte reichen bloße Unannehmlichkeiten und selbst Belästigungen, wie sie oft in der Auflösungsphase einer Ehe auftreten, nicht aus, um eine richterliche Wohnungszuweisung zu begründen. Die Spannungen müssen vielmehr über den in der Trennungssituation typischen Umfang hinausgehen (vgl. OLG Hamm, Beschluss vom 23.03.2015, Az. 4 UF 211/14, NJW 2015, 2349).

> ***Praxis-Tipp:***
>
> *Sowohl bei Einigung hinsichtlich der Überlassung der Wohnung als auch bei richterlicher Zuweisung kann eine Vergütung (Mietzins) verlangt werden, wenn und soweit dies der Billigkeit entspricht. Die Vergütung wird vom Familiengericht festgesetzt, falls sich die Parteien darüber nicht gesondert einigen.*

Checkliste: Ehewohnung

- Völlige Wohnungsaufgabe, das heißt beide ziehen aus:
  Wohnung muss von beiden Ehegatten gekündigt werden, sofern beide im Mietvertrag stehen.
- Einer der Ehegatten zieht aus:
  Vermieter sollte dazu gebracht werden, dass er den Ausziehenden aus dem gemeinsamen Mietvertrag entlässt.
- Keiner der Ehegatten zieht aus:
  Aufteilung der Räumlichkeiten unter den Ehegatten, sonst besteht keine Zerrüttungsvermutung.
- Keiner der Ehegatten will ausziehen oder der Ehegatte, der Eigentümer ist, zieht aus, will aber, dass auch der andere auszieht, um mit der Wohnung einen Mietzins zu erwirtschaften:
  Anspruch des anderen, dass ihm die Wohnung überlassen wird, notfalls sogar Zuweisung durch das Gericht, allerdings nur bei Härte und gegen Vergütung, soweit dies der Billigkeit entspricht.

Was geschieht mit dem Hausrat?

Die Trennung bringt es regelmäßig faktisch mit sich, dass der Hausrat aufgeteilt wird, es sei denn, einer der Ehegatten kann es sich leisten, in ein Hotel zu ziehen oder sich einen komplett neuen Hausstand zu besorgen. Spätestens aber für die Scheidung ist es erforderlich, dass der Hausrat aufgeteilt wird.

Achtung: Können die Ehegatten sich nicht einigen, entscheidet später das Gericht im Scheidungsverfahren, unter Umständen auch vorher vorläufig, was das Scheidungsverfahren verlängern kann und in jedem Fall verteuert.

Checkliste: Hausrat

Zum Hausrat gehören:

- Möbel (Sofa, Schränke, Betten)
- Wohnungsausstattung (Lampen, Teppiche)
- Wäsche (Handtücher, Bett- und Tischwäsche)
- Dekorationsgegenstände (Bilder, Statuen, sofern nicht als Kapitalanlage erworben)
- Haushaltsgegenstände (Geschirr, Küchenausstattung, Elektrogeräte)
- Unterhaltungsgegenstände (Radio, Fernseher, Bücher, CDs, Computer, Klavier – sofern nicht für den Beruf gebraucht)
- Familien-Pkw
- Haustiere (vgl. OLG Stuttgart, Beschluss vom 11.04.2014, Az. 18 UF 62/14, NJW-RR 2014, 1101)

Nicht zum Hausrat gehören:

- Kleider
- Schmuck
- Berufsbezogene Gegenstände (Werkzeug, Fachbücher)
- Sparbücher
- Münz- und Briefmarkensammlung
- Kunstgegenstände (als Kapitalanlage erworben)
- Familienandenken

Achtung bei Bürgschaften, Darlehen & Co.!

Großes Augenmerk wird im Fall der Trennung oft nur auf das vorhandene Vermögen gelegt. Vergessen werden gerne die gemeinsamen Schulden. Dies gilt natürlich weniger für offen liegende Verbindlichkeiten, wo beispielsweise vom gemeinsamen Konto, auf das beide Einblick haben, die Raten abgehen. Die Gefahr lauert im Verborgenen. Häufig werden nämlich zum Beispiel Bürgschaften gegenüber einer Bank für Darlehensverbindlichkeiten des anderen abgegeben und diese später vergessen. Das geht so lange gut, wie der Ehegatte, für dessen Schulden gebürgt wurde, das Darlehen ordnungsgemäß zurückführt.

Oft bleibt eine solche Bürgschaft bis lange über das Scheidungsverfahren hinaus im Verborgenen, und eines Tages erhält der geschiedene Ehegatte, der unter Umständen im Scheidungsverfahren bereits auf einiges verzichtet hat oder schon viel bezahlen musste, auch noch einen Brief von der Bank des anderen Ehegatten, die den bürgenden Ehegatten aus der Bürgschaft in Anspruch nehmen möchte, weil der andere Ehegatte seine Raten nicht mehr bezahlt.

Vorsicht bei Gefälligkeiten! Diese Gefahr lauert jedoch nicht nur bei in Vergessenheit geratenen Bürgschaften, sondern bei jedem Rechtsverhältnis, welches der Ehegatte nicht als eigenes, sondern lediglich als Gefallen für den anderen Ehegatten eingegangen ist. So werden insbesondere Ehefrauen gerne nicht nur als Bürgen „missbraucht", sondern beispielsweise auch als „Strohmann" für ein ganzes Unternehmen, weil der Ehemann nach einer Insolvenz längere Zeit kein Unternehmen mehr führen darf. Inhaber des Unternehmens und damit für sämtliche Schulden verantwortlich ist die Ehefrau, deren einzige Handlung in Bezug auf das Unternehmen lediglich in der Erteilung einer Generalvollmacht für den Ehemann lag.

Praxis-Tipp:

Es kann nur dringend angeraten werden, die Schulden ebenso konzentriert ausfindig zu machen wie das Vermögen.

5

Güterstände

Die Verteilung des Vermögens zwischen den Ehegatten wird maßgebend vom Güterstand bestimmt. Unter Güterstand ist die vom Gesetzgeber vorgegebene Regelung der vermögensrechtlichen Verhältnisse der Ehegatten untereinander zu verstehen. Das Gesetz gibt drei Güterstände vor, die aber in der vorgegebenen Form nicht zwingend übernommen werden müssen, sondern durch Ehevertrag individuell abänderbar sind. Die Ehegatten können ihre güterrechtlichen Verhältnisse durch Ehevertrag geregelt, insbesondere auch nach der Eingehung der Ehe den Güterstand aufgehoben oder geändert haben (§ 1408 BGB). Bei einer Scheidung ist das zu berücksichtigen.

Die drei vorgegebenen Güterstände sind die Zugewinngemeinschaft, die Gütertrennung und die Gütergemeinschaft. Die Zugewinngemeinschaft ist der Güterstand, der gilt, wenn ehevertraglich nicht etwas anderes vereinbart ist. Die Vorschriften zur Zugewinngemeinschaft und Gütergemeinschaft regeln die güterrechtlichen Verhältnisse jeweils sehr umfassend. Bei der Gütertrennung gibt es naturgemäß nicht so besonders viel zu regeln, weshalb auch das Gesetz dazu nicht viel Worte verliert.

Zugewinngemeinschaft

Die Ehegatten leben im Güterstand der Zugewinngemeinschaft, wenn sie nicht durch Ehevertrag etwas anderes vereinbaren (§ 1363 Abs. 1 BGB). Entgegen einer in der Bevölkerung weit verbreiteten Ansicht ist bei der Zugewinngemeinschaft das Vermögen des Ehemanns und das Vermögen der Ehefrau nicht gemeinschaftliches Vermögen der Ehegatten. Und zwar gilt dies auch für Vermögen, das ein Ehegatte erst nach der Eheschließung erwirbt.

Das Wesentliche an der Zugewinngemeinschaft ist, dass der Zugewinn an Vermögen, den die Ehegatten während der Ehe erzielen, ausgeglichen wird, wenn die Zugewinngemeinschaft endet.

Verwaltung des Vermögens

Das Vermögen jedes Ehegatten wird von diesem grundsätzlich selbstständig verwaltet. Hiervon ausgenommen sind nur Verfügungen über das Vermögen im Ganzen und über Haushaltsgegenstände.

Über sein Vermögen im Ganzen zu verfügen kann sich ein Ehegatte nur mit Einwilligung des anderen Ehegatten verpflichten. Das wird vor allem im Trennungsjahr bedeutsam, wenn große Vermögensgegenstände verschoben werden sollen, um den anderen zu benachteiligen. Hat ein Ehegatte sich aber ohne Zustimmung des anderen Ehegatten verpflichtet, über sein Vermögen im Ganzen zu verfügen, kann er diese Verpflichtung nur erfüllen, wenn der andere Ehegatte doch noch einwilligt.

Handelt es sich um ein Geschäft, welches einer ordnungsgemäßen Verwaltung entspricht, kann die verweigerte Einwilligung aber durch das Familiengericht ersetzt werden. Mit Vermögen im Ganzen ist nicht wirklich das gesamte Vermögen gemeint. So kann beispielsweise der Hausverkauf eine Verfügung über das Vermögen im Ganzen darstellen, auch wenn noch ein Pkw verbleibt.

Achtung: Über Haushaltsgegenstände darf ebenfalls nicht ohne Zustimmung des anderen Ehegatten verfügt werden. Verweigert der andere Ehegatte jedoch die Zustimmung ohne ausreichenden Grund oder ist er wegen Krankheit verhindert, kann die Zustimmung durch das Familiengericht ersetzt werden.

Haushaltsgegenstände, die ersetzt werden, weil sie alt oder wertlos geworden sind, fallen in das Eigentum des Ehegatten, dem die alt oder wertlos gewordenen Gegenstände gehört haben.

Checkliste: Berechnung des Zugewinns

- Als Zugewinn bezeichnet man den Betrag, um den das Endvermögen eines Ehegatten das Anfangsvermögen übersteigt.
- Anfangsvermögen ist das Vermögen, welches einem Ehegatten nach Abzug der Verbindlichkeiten beim Eintritt des Güterstands gehört.

- Eintritt des Güterstands ist die Eheschließung oder eine auch danach erfolgende Vereinbarung der Zugewinngemeinschaft, wenn diese zuvor abbedungen war.
- Endvermögen ist das Vermögen, welches einem Ehegatten nach Abzug der Verbindlichkeiten am Ende des Güterstands gehört.
- Der Güterstand endet mit der Rechtshängigkeit des Scheidungsantrags.
- Mit Vermögen ist die Wertsumme aller Vermögensgegenstände abzüglich der Verbindlichkeiten gemeint.

5 Berechnungsbeispiele mit Lösungen

Beispiel 1:

Die Ehefrau hat zu Beginn der Ehe ein Haus mit einem Verkehrswert von 250.000 Euro. Dieses Haus ist mit Bankverbindlichkeiten in Höhe von 150.000 Euro belastet. Ferner hat die Ehefrau einen Pkw mit Zeitwert in Höhe von 15.000 Euro sowie ein Girokonto, das mit 2.500 Euro überzogen ist.

Lösung:

Das Anfangsvermögen der Ehefrau beträgt 112.500 Euro. An positiven Vermögenswerten sind das Haus mit 250 000 Euro und der Pkw mit 15.000 Euro, insgesamt somit 265.000 Euro vorhanden. Hiervon sind aber die negativen Posten in Höhe von 150.000 Euro und 2.500 Euro, das heißt 152.500 Euro abzuziehen, was einen Betrag in Höhe von 112.500 EUR ergibt.

Anfangsvermögen und Endvermögen müssen einfach nur saldiert werden.

Beispiel 2:

Der Ehemann hat ein Anfangsvermögen in Höhe von 0 Euro. Die Ehefrau hat ein Anfangsvermögen in Höhe von 5.000 Euro. Das Endvermögen beträgt beim Ehemann 50.000 Euro und bei der Ehefrau 100.000 Euro.

Lösung:

Die Ehefrau hat einen Zugewinn in Höhe von 95.000 Euro und der Ehemann in Höhe von 50.000 Euro.

Übersteigt der Zugewinn des einen Ehegatten den Zugewinn des anderen, steht die Hälfte des Überschusses dem anderen Ehegatten als Ausgleichsforderung zu (§ 1378 BGB).

Beispiel 3:

Die Ehefrau hat einen Zugewinn in Höhe von 95.000 Euro und der Ehemann in Höhe von 50.000 Euro.

Lösung:

Damit übersteigt der Zugewinn der Ehefrau den Zugewinn des Ehemanns um 45.000 Euro. Die Hälfte dieses Überschusses steht dem Ehemann gegen die Ehefrau als Zugewinnausgleichsanspruch zu, das heißt 22.500 Euro.

Negatives Anfangsvermögen

Die Verbindlichkeiten können seit der Reform des Zugewinnausgleichs beim Anfangsvermögen über die Höhe des Vermögens hinaus abgezogen werden. Wenn dabei die Verbindlichkeiten höher sind als das Vermögen, ergibt sich ein negatives Vermögen. Hat ein Ehegatte größere Schulden, ist es wichtig, dass ein entsprechendes negatives Vermögen in Ansatz kommt, da andernfalls der verschuldete Ehegatte einerseits während der Ehe seine Schulden hätte abtragen können und andererseits zusätzlich noch am Zugewinn des anderen Ehegatten teilgenommen hätte.

Das hat der Gesetzgeber als ungerecht anerkannt und deshalb mit der Reform des Zugewinnausgleichs eingeführt, dass auch ein negatives Anlagevermögen in Ansatz kommt.

Erbschaften und Schenkungen während der Ehe

Wenn Sie während des Güterstands eine Erbschaft gemacht haben, mit Rücksicht auf ein künftiges Erbrecht, durch Schenkung oder als Ausstattung Vermögen erworben haben, wird dies nach Abzug der Verbindlichkeiten dem Anfangsvermögen hinzugerechnet. An diesen Erwerbstatbeständen wird also Ihr Ehegatte im Rahmen des Zugewinnausgleichs nicht profitieren. Denn alles, was dem Anfangsvermögen hinzugerechnet wird, kann den Zugewinn nicht erhöhen. Den Zugewinn erhöhend wirken sich nur Vermögensmassen aus, die dem Endvermögen hinzuzurechnen sind.

Die Höhe des Endvermögens

Grundsätzlich ist das Endvermögen jenes Vermögen, welches einem Ehegatten nach Abzug der Verbindlichkeiten am Ende des Güterstands gehört. Einige Vermögenswerte sind dem Endvermögen jedoch hinzuzurechnen, obwohl sie nicht mehr im Vermögen vorhanden sind. Das geschieht deswegen, damit nicht ein Ehegatte durch zu missbilligendes Verhalten sein Endvermögen einfach vermindern kann, um dadurch den anderen Ehegatten, aus welchen Gründen auch immer, um seinen Zugewinn zu bringen.

Das Endvermögen wird um den Betrag erhöht, um den es vermindert ist, weil der Ehegatte Zuwendungen gemacht hat, durch die er nicht einer sittlichen Pflicht oder einer auf den Anstand zu nehmenden Rücksicht entsprochen hat. Das Endvermögen wird ferner um den Betrag erhöht, um den der Ehegatte sein Vermögen verschwendet hat. Schließlich wird das Endvermögen um den Betrag erhöht, um den es gemindert wurde, weil der Ehegatte Handlungen vorgenommen hat in der Absicht, den anderen Ehegatten zu benachteiligen.

Diese fiktive Erhöhung des Endvermögens findet nicht statt, wenn eine Vermögensminderung mindestens zehn Jahre vor Beendigung des Güterstands eingetreten ist oder wenn der andere Ehegatte mit der unentgeltlichen Zuwendung oder Verschwendung einverstanden gewesen ist.

Wertermittlung des Vermögens

Da die einzelnen Vermögensgegenstände wie Geld, Grundbesitz, Schmuck etc. einer Wertsteigerung beziehungsweise Wertminderung unterliegen, ist auch die Wertermittlung von Anfangs- und Endvermögen von Bedeutung.

Bei der Berechnung des Anfangsvermögens wird der Wert zugrunde gelegt, den das beim Eintritt des Güterstands vorhandene Vermögen in diesem Zeitpunkt, das dem Anfangsvermögen hinzuzurechnende Vermögen im Zeitpunkt des Erwerbs hatte. Der Berechnung des Endvermögens wird der Wert zugrunde gelegt, den das bei Beendigung des Güterstands vorhandene Vermögen in diesem Zeitpunkt, eine dem Endvermögen hinzuzurechnende Vermögensminderung in dem Zeitpunkt hatte, in dem sie eingetreten ist.

Das Gleiche gilt für die von den jeweiligen Vermögensmassen abzuziehenden Verbindlichkeiten.

Ausgleichsanspruch

Hinsichtlich des Ausgleichs erwirbt ein Ehegatte, der den niedrigeren oder gar keinen Zugewinn hatte, eine Ausgleichsforderung, das heißt einen Anspruch, der mit Eintritt der Beendigung des Güterstands vererbbar und übertragbar ist. Dieser Anspruch verjährt in drei Jahren ab dem Zeitpunkt, in dem der Ehegatte erfährt, dass der Güterstand beendet ist, spätestens jedoch in 30 Jahren nach Beendigung des Güterstands.

Beendigungszeitpunkt der Zugewinngemeinschaft

Der Güterstand der Zugewinngemeinschaft endet mit dem Tod eines der Ehegatten, aber auch im Fall der Scheidung. Genauer Beendigungszeitpunkt ist dann nicht das Scheidungsurteil, sondern bereits die Rechtshängigkeit des Scheidungsantrags. Dies deswegen, damit nicht ein Ehegatte während des oft langwierigen Scheidungsverfahrens Vermögensgegenstände beiseite schafft und dadurch den anderen benachteiligt.

Wenn sich die Ehegatten getrennt haben, kann jeder von ihnen nach drei Jahren des Getrenntlebens auf Zugewinnausgleich klagen. Ebenso kann ein Ehegatte unter anderem auf vorzeitigen Zugewinnausgleich klagen, wenn der andere Ehegatte längere Zeit hindurch die wirtschaftlichen Verpflichtungen, die sich aus dem ehelichen Verhältnis ergeben, schuldhaft nicht erfüllt hat und anzunehmen ist, dass er sie auch in Zukunft nicht erfüllen wird, oder wenn der andere Ehegatte sich ohne ausreichenden Grund beharrlich weigert, ihn über den Bestand seines Vermögens zu unterrichten. Als Beendigungszeitpunkt gilt in diesen Fällen der Zeitpunkt, in dem die Klage auf vorzeitigen Ausgleich erhoben ist.

Ehegattengesellschaft

Vom Zugewinnausgleichsanspruch zu unterscheiden sind wechselseitige Ansprüche aus einer Ehegattengesellschaft. Dabei handelt es sich um eine Gesellschaft bürgerlichen Rechts zwischen zwei Ehegatten, wobei die Gesellschaft im Rechtsverkehr nicht nach außen in Erscheinung tritt.

Die Gründung einer Ehegattengesellschaft kann auch stillschweigend erfolgen, beispielsweise wenn ein Ehegatte ein Eigenheim erwirbt, der andere Ehegatte formal am Haus nicht beteiligt ist, jedoch mit seiner Arbeitskraft am Hausbau beiträgt. Zugewinnausgleichs- und Auseinandersetzungsansprüche aus einer Ehegattengesellschaft können nebeneinander bestehen (vgl. KG Berlin, Beschluss vom 08.05.2012, Az. 17 UF 310/11, FamRZ 2013, 787).

Die Reform des Güterrechts

Mit der Reform des Güterrechts bzw. des Güterstands der Zugewinngemeinschaft wurde der Zugewinnausgleich im Grundsatz beibehalten, weil er für einen fairen und praxistauglichen Ausgleich sorgt. Die Reform soll einige Schwachstellen beseitigen und damit noch besser sicherstellen, dass die Teilung des Zugewinns auch wirklich gerecht ist.

Unredliche Vermögensverschiebungen zulasten eines Ehegatten, der einen Ausgleichsanspruch hat, können künftig besser verhindert werden. Außerdem muss NUR berücksichtigt werden, wenn ein Ehepartner bereits mit Schulden in die Ehe gegangen ist.

Die Besonderheiten einer Gütertrennung

Die Gütertrennung tritt anders als die Zugewinngemeinschaft nicht automatisch ein, sondern muss ehevertraglich vereinbart werden. Wurde allerdings ehevertraglich die Zugewinngemeinschaft ausgeschlossen, gilt im Zweifel automatisch Gütertrennung. Die Gütertrennung hat zur Folge, dass sich die Ehegatten in güterrechtlicher Hinsicht wie Unverheiratete gegenüberstehen.

Die Gütertrennung muss nicht für die gesamte Ehezeit gelten. Insbesondere weil beispielsweise bei Erfüllung des gemeinsamen Kinderwunsches das Zusammenleben auch in wirtschaftlicher Hinsicht vertieft werden sollte, kann die Gütertrennung auch auflösend bedingt durch ein Ereignis vereinbart worden sein, dergestalt, dass, wenn das Ereignis eintritt (hier Erfüllung des Kinderwunsches) wieder der gesetzliche Güterstand der Zugewinngemeinschaft gelten solle. Genauso gut kann Gütertrennung im Nachhinein vereinbart werden, weil die Ehegatten sich beispielsweise nicht oder noch nicht scheiden lassen wollen, aber bereits eine Trennung hinsichtlich der Vermögenswerte wünschen.

Checkliste: Gütertrennung

- Die Vermögensmassen der Ehefrau und des Ehemanns sind völlig getrennt voneinander.
- Das Vermögen wird grundsätzlich von jedem alleine verwaltet, es sei denn, der andere wird dazu ausdrücklich ermächtigt.
- Der jeweils andere Ehegatte hat grundsätzlich kein Mitspracherecht und keinerlei Einflussmöglichkeit hinsichtlich des Vermögens des anderen Ehegatten. Anderes gilt nur bezüglich der gemeinsamen Gegenstände, die im Zusammenhang mit der ehelichen Lebensgemeinschaft erforderlich sind, wie dem Hausrat und der Ehewohnung.

Gütergemeinschaft

Auch die Gütergemeinschaft kann ehevertraglich vereinbart worden sein. Durch Vereinbarung der Gütergemeinschaft werden das Vermögen der Ehefrau und das Vermögen des Ehemannes zu gemeinschaftlichem Vermögen beider Ehegatten, auch Gesamtgut genannt.

Zum Gesamtgut zählt neben dem gemeinschaftlichen Vermögen auch das Vermögen, welches die Ehegatten jeweils während der Ehe dazuerwerben. Vor allem aber ist für diesen Güterstand von Bedeutung, dass das zum Zeitpunkt der Eheschließung jeweils vorhandene Vermögen zum gemeinschaftlichen Vermögen wird. Das Gesamtgut wird in der Regel von einem der Ehegatten verwaltet. Möglich ist aber auch die gemeinschaftliche Verwaltung.

Sondergut

Sondergut sind die Gegenstände, die nicht durch Rechtsgeschäft übertragen werden können. Das Sondergut wird von jedem Ehegatten selbstständig verwaltet, aber er verwaltet es für Rechnung des Gesamtguts. Unter das Sondergut fallen beispielsweise unpfändbare Forderungen, der Anteil an einer Offenen Handelsgesellschaft (OHG), der Anteil an einer Kommanditgesellschaft (KG) als persönlich haftender Gesellschafter, der noch nicht anerkannte oder noch nicht rechtshängige Schmerzensgeldanspruch.

Vorbehaltsgut

Vorbehaltsgut sind Gegenstände, die durch Ehevertrag zum Vorbehaltsgut eines Ehegatten erklärt sind. Ferner Gegenstände, die ein Ehegatte von Todes wegen erwirbt oder die ihm von einem Dritten unentgeltlich zugewendet werden, wenn der Erblasser durch letztwillige Verfügung, der Dritte bei der Zuwendung bestimmt hat, dass der Erwerb Vorbehaltsgut sein soll. Schließlich Gegenstände, die im Vorbehaltsgut enthalten waren, zerstört wurden oder sonst wie untergegangen sind und anschließend wieder ersetzt wurden.

Wichtig: Das Sondergut kann anders als das Vorbehaltsgut ehevertraglich nicht vereinbart worden sein. Sowohl beim Sondergut als auch beim Vorbehaltsgut fällt das Vermögen nicht in das Gesamtgut, mit der Folge, dass der jeweilige Ehegatte Eigentümer des Sondergutes beziehungsweise Vorbehaltsgutes bleibt und dies selbstständig verwaltet. Das Sondergut wird jedoch für Rechnung des Gesamtguts verwaltet, während das Vorbehaltsgut für eigene Rechnung verwaltet wird.

Sowohl beim Sondergut als auch beim Vorbehaltsgut fällt das Vermögen nicht in das Gesamtgut, mit der Folge, dass der jeweilige Ehegatte Eigentümer des Sondergutes beziehungsweise Vorbehaltsgutes bleibt und dies selbstständig verwaltet.

Das Sondergut wird jedoch für Rechnung des Gesamtguts verwaltet, während das Vorbehaltsgut für eigene Rechnung verwaltet wird.

Checkliste: Vermögen/Güterstände

Grundsätzlich herrscht Vertragsfreiheit. Es gibt verschiedene Arten von Güterständen:

- **Zugewinngemeinschaft**
  Kein gemeinschaftliches Vermögen, Verwaltung des Vermögens, Zugewinn, Anfangsvermögen, Endvermögen, Ausgleichsforderung, Wertermittlung des Vermögens, Beendigungszeitpunkt
- **Gütertrennung**
  Völlige Trennung der Vermögensmassen
- **Gütergemeinschaft**
  Gesamtgut, Sondergut, Vorbehaltsgut

Versorgungsausgleich

Der Versorgungsausgleich wurde vom Gesetzgeber auf die klassische Hausfrauenehe zugeschnitten. Anhand dieser lässt sich das Rechtsinstitut Versorgungsausgleich auch am besten erklären, wenngleich die Vorschriften über den Versorgungsausgleich auch auf die anderen Ehetypen anwendbar sind und diese dann mehr oder weniger große Bedeutung haben.

Was unter Versorgungsausgleich zu verstehen ist

Ausgerichtet sind die Vorschriften über den Versorgungsausgleich auf die Hausfrauenehe mit Kindern, welche nach 20-jähriger Dauer geschieden wird. Bei diesem Ehetyp hat die Ehefrau ausschließlich die Kinder aufgezogen und den Haushalt geführt, während der Ehemann durch seine Berufstätigkeit für den Familienunterhalt sorgte. Im Laufe der Ehe hat dann der Ehemann umfangreiche Beiträge in die Rentenversicherung einbezahlt und eine mehr oder weniger stattliche Rentenanwartschaft erworben. Die Ehefrau dagegen hat, da sie ja keiner Berufstätigkeit nachgehen konnte, jedenfalls während der Ehe keine Rentenanwartschaften erworben. Sie erhält später allenfalls eine geringe Rente wegen einer eventuell vorehelichen Berufstätigkeit oder einer ehelichen Nebentätigkeit bzw. der Kindererziehung.

Dass die Ehefrau keine oder nur eine geringe Rente erhält, obwohl sie sich für die Familie durch die Kindererziehung und Haushaltsführung mindestens ebenso wie der Ehemann durch seine Berufstätigkeit einsetzte, wurde vom Gesetzgeber als ungerecht erkannt, der in den Vorschriften über den Versorgungsausgleich versucht, diese Ungerechtigkeit zu beseitigen.

Wichtig: Die Vorschriften über den Versorgungsausgleich besagen, stark vereinfacht ausgedrückt, dass die Ehefrau von den Rentenanwartschaften, welche der Ehemann während der Ehe angesammelt hat, die Hälfte bekommt, und zwar natürlich nicht in bar, sondern durch Überweisung auf das Rentenkonto der Ehefrau. Hat die Ehefrau während der Ehe selbst Rentenanwartschaften erworben, erhält sie die Hälfte der Differenz zwischen ihren Rentenanwartschaften und denen ihres Ehemanns.

Beispiele:

- Der Ehemann hat während der Ehe Rentenanwartschaften in Höhe von 1.000 Euro erworben, die Ehefrau in Höhe von 0 Euro.
  Im Rahmen des Versorgungsausgleichs bekommt die Ehefrau Rentenanwartschaften in Höhe von 500 Euro auf ihr zu errichtendes Rentenkonto überwiesen.

- Der Ehemann hat während der Ehe Rentenanwartschaften in Höhe von 1.000 Euro erworben, die Ehefrau in Höhe von 500 Euro. Im Rahmen des Versorgungsausgleichs bekommt die Ehefrau Rentenanwartschaften in Höhe von 250 Euro überwiesen.

Versorgungsausgleich bei Doppelverdienern

Der Versorgungsausgleich kann aber beispielsweise auch bei Doppelverdienerehen einen gerechten Ausgleich schaffen, wenn einer der beiden Ehegatten zur Förderung der Karriere des anderen seine eigenen Interessen zurückgeschraubt hat, zum Beispiel, weil er eine ihm angebotene hoch dotierte Stelle ausgeschlagen hat, um an dem Ort zu arbeiten, wo der andere Ehegatte einer ggf. noch höher dotierten Tätigkeit nachging. In diesem Fall sind die Versorgungsanwartschaften des anderen Ehegatten in erster Linie wegen des Verzichts des anderen Ehegatten höher. Hier einen Ausgleich zu schaffen, kann nur gerecht sein.

Der Versorgungsausgleich ist nach dem Gesetz im Fall der Scheidung grundsätzlich stets durchzuführen und zwar auch in Fällen, wo dies nicht so besonders angebracht erscheint. Wenn beispielsweise beide Ehegatten während der Ehe ganztägig berufstätig waren und einer der beiden einfach fleißiger ist und dadurch mehr verdient hat, käme es nach dem Gesetz dennoch grundsätzlich zum Versorgungsausgleich.

Grundsatz der internen Teilung

Seit der Strukturreform des Versorgungsausgleichs vom 01.09.2009 wird jede Versorgung, die ein Ehepartner in der Ehezeit erworben hat, im jeweiligen Versorgungssystem zwischen beiden Eheleuten geteilt. Das ist der Grundsatz der „internen Teilung“. Der jeweils ausgleichsberechtigte Ehegatte erhält somit einen eigenen Anspruch auf eine Versorgung bei dem Versorgungsträger des jeweils ausgleichspflichtigen Ehegatten. Das alte Recht verlangte dagegen (auf der Grundlage von fehleranfälligen Prognosen) eine Verrechnung aller in der Ehezeit erworbenen Anrechte aus allen unterschiedlichen Versorgungen und einen Ausgleich der Wertdifferenz über die gesetzliche Rentenversicherung. Im Versorgungsfall wichen deswegen die aus der Ehe stammenden Renten der Eheleute häufig mehr oder weniger voneinander ab.

Durch den internen Ausgleich aller Versorgungen im jeweiligen Versorgungssystem kann nunmehr auf eine fehleranfällige Vergleichsberechnung verzichtet werden, denn eine Verrechnung ist nicht mehr erforderlich. Ein weiterer Vorteil ist, dass die Anrechte der betrieblichen und privaten Altersvorsorge schon bei der Scheidung vollständig geteilt werden.

Mit der Reform haben die Eheleute größere Spielräume erhalten, den Versorgungsausgleich individuell zu vereinbaren und so ohne gerichtliche Entscheidung zu regeln.

Kein Bagatellausgleich

Auf Bagatellausgleiche wird verzichtet. Kleinere Werte oder besondere Arten von Betriebsrenten können die Versorgungsträger außerdem in bestimmten Fällen zweckgebunden abfinden. Der ausgleichsberechtigte Ehepartner kann dann entscheiden, welche Versorgung mit diesen Mitteln aufgestockt werden soll, etwa eine bereits vorhandene Riester-Rente.

Kein Ausgleich bei kurzer Ehedauer

Bei einer Ehezeit von bis zu zwei Jahren entfällt der Versorgungsausgleich. In diesen Fällen besteht kein Bedarf für einen Ausgleich, da in der Regel nur geringe Werte auszugleichen wären. Die Eheleute können so schneller geschieden werden. Ferner werden die Familiengerichte und die Versorgungsträger entlastet, da Auskünfte der Eheleute und der Versorgungsträger entbehrlich werden.

Den Versorgungsausgleich ausschließen

Generell können die Ehegatten in einem Ehevertrag durch eine ausdrückliche Vereinbarung den Versorgungsausgleich ausschließen.

Der Ausschluss des Versorgungsausgleichs kann auch an eine Bedingung dergestalt geknüpft werden, dass der andere, besser verdienende Ehegatte einen Ersatz durch Abschluss eines Vertrags über eine private

Lebensversicherung mit Rentenwahlrecht zugunsten des verzichtenden Ehegatten leistet und die Beiträge dafür bezahlt.

Nach § 27 Versorgungsausgleichsgesetz findet der Versorgungsausgleich auch auf einseitigen Antrag eines Ehegatten nicht statt, wenn die Durchführung des Versorgungsausgleichs grob unbillig wäre.

Beispiel:

Zur Korrektur des Versorgungsausgleichs zulasten des ausgleichsberechtigten Ehegatten aufgrund des Wegfalls des Rentner- und Pensionsprivilegs vgl. BGH, Beschluss vom 08.04.2015 (Az. XII ZR 428/12, NJW-RR 2015, 708).

Checkliste: Versorgungsausgleich

- **Was ist unter Versorgungsausgleich zu verstehen?**
  Der hälftige Ausgleich der während der Ehe erworbenen Versorgungsanwartschaften von dem Rentenkonto des Ehegatten, der mehr Rentenanwartschaften erworben hat, auf das Rentenkonto des anderen Ehegatten im Fall der Scheidung.
- **Ehevertraglicher Ausschluss des Versorgungsausgleichs?**
  Ist grundsätzlich möglich, und zwar auch eingeschränkt oder verknüpft mit Bedingungen wie beispielsweise Abschluss einer privaten Lebensversicherung mit Rentenwahlrecht durch den potenziell Ausgleichspflichtigen zugunsten des potenziell Ausgleichsberechtigten oder durch Zahlung einer Abfindung.
  Der bedingungslose und ohne Ausgleich stattfindende Ausschluss bei der Haushaltsführungsehe erscheint regelmäßig als unbillig.
- **Wie sichern Sie Ihre Altersrente sonst noch?**
  Gerade in jungen Jahren ist der Gedanke an die Alterssicherung wichtig. Es kann dann für später viel Geld gespart werden. Der haushaltsführende Ehegatte sollte unbedingt privat abgesichert werden. Denn oft wird die Rente des Berufstätigen nicht für beide ausreichen.

6.

Scheidungskosten

Geld sparen: So früh wie möglich zum Rechtsanwalt

Wer die Kosten scheut, sollte sich spätestens zum Trennungszeitpunkt anwaltlich beraten lassen. Letztlich aber, wenn die Scheidung eingereicht werden soll, ist der Gang zum Anwalt vom Gesetz ohnehin zwingend vorgeschrieben, da der Scheidungsantragsschriftsatz von einem Rechtsanwalt unterzeichnet und bei Gericht eingereicht werden muss.

Nicht notwendig ist, dass beide Ehegatten einen Anwalt aufsuchen. Zwar kann ein Anwalt nicht beide Ehegatten vertreten, jedoch benötigt derjenige, der der Scheidung nur zustimmt, keinen Rechtsanwalt.

Wichtig: Gerade wenn eine schnelle und unkomplizierte Scheidung gewünscht wird, sollten auch die Kosten eines zweiten Anwalts nicht gescheut werden. Die Anwälte werden die Vorstellungen beider Parteien rasch in die richtige juristische Form bringen und dadurch die Arbeit der Gerichte erleichtern und beschleunigen. Auch wird den Gerichten die Aufklärungsarbeit abgenommen, was den Unterhaltsausschluss und vor allem den Ausschluss des Versorgungsausgleichs erleichtern kann. Zudem sollte man sich möglichst früh darüber im Klaren sein, ob die Scheidung einvernehmlich vonstatten gehen wird oder ob mit Streitereien zu rechnen ist.

Praxis-Tipp:

Ist allerdings von Anfang an mit Streit zu rechnen, sollte bereits zu Beginn der Scheidung ein Rechtsanwalt, noch besser auf beiden Seiten ein Rechtsanwalt hinzugezogen werden. Das Verfahren wird dadurch nicht teurer, sondern eher billiger, da von Anfang an die Weichen richtig gestellt werden können.

Verfahrenskostenvorschuss

In § 1360a Abs. 4 Satz 1 BGB ist festgelegt:

§ 1360a Abs. 4 Satz 1 BGB

Ist ein Ehegatte nicht in der Lage, die Kosten eines Rechtsstreits zu tragen, der eine persönliche Angelegenheit betrifft, ist der andere Ehegatte verpflichtet, ihm diese Kosten vorzuschießen, soweit dies der Billigkeit entspricht.

Sind Sie nicht in der Lage, die Kosten des Scheidungsverfahrens nebst Folgesachen aufzubringen, muss Ihnen diese Ihr Ehegatte vorschießen, da es sich bei der Scheidung nebst Folgesachen um eine persönliche Angelegenheit handelt.

Achtung: Diese Verfahrenskostenvorschusspflicht entspringt der Unterhaltspflicht und besteht daher nur, wenn Ihr Ehegatte leistungsfähig ist.

Verfahrenskostenvorschuss auch wider Willen

Ihr Anspruch auf Verfahrenskostenvorschuss für die Scheidung gegen Ihren Ehegatten besteht auch dann, wenn Ihr Ehegatte die Scheidung gar nicht will und sich vehement dagegen wehrt. Das kann dazu führen, dass Ihr Ehegatte seinen Rechtsanwalt zahlen muss, der ihn gegen die von Ihnen betriebene Scheidung vertritt, und zugleich Ihren Rechtsanwalt, der gegen ihn die Scheidung eingereicht hat.

Verfahrenskostenvorschuss nur für die gesetzlichen Gebühren

Besonders müssen Sie beachten, dass Sie nur einen Anspruch auf Übernahme der Kosten haben, die nach dem Gesetz entstehen. Verlangt Ihr Rechtsanwalt beispielsweise aufgrund seiner speziellen Fachkenntnisse ein Honorar, welches über die gesetzlichen Gebühren hinausgeht, kann insoweit das über die gesetzlichen Gebühren hinausgehende Honorar nicht über den Verfahrenskostenvorschuss geltend gemacht werden.

Diese Kosten kommen auf Sie zu!

An Kosten für das Scheidungsverfahren entstehen die Rechtsanwaltskosten und die Gerichtskosten.

Die Höhe sowohl der Rechtsanwaltskosten als auch der Gerichtskosten richtet sich entscheidend nach der Höhe des Streitwerts. Wenn Sie viel Vermögen haben, um das gestritten wird, sind die Kosten höher, als wenn kaum Vermögen vorhanden ist, selbst wenn der Umfang der anwaltlichen Tätigkeit in beiden Fällen gleich sein sollte.

Ferner werden die Kosten mit jeder Folgesache höher, welche vor Gericht ausgestritten werden muss.

Praxis-Tipp:

- *Wenn Sie Kosten sparen wollen, sollten Sie sich mit Ihrem Ehepartner über die meisten Punkte spätestens im Trennungsjahr einigen, damit die Scheidung reibungslos über die Bühne geht, was diese wesentlich verbilligt.*
- *Eine außergerichtliche Einigung ist zudem häufig billiger, selbst wenn zwei Rechtsanwälte daran beteiligt sind, da zum einen die Gerichtskosten entfallen und die Rechtsanwaltsgebühren nach Gebührenanfall und Rahmen oftmals niedriger sein werden.*

Da Rechtsanwälte regelmäßig auf eine einvernehmliche Regelung hinwirken, sollte nicht an einem zweiten Rechtsanwalt für den anderen Ehepartner gespart werden. Das hat nur dann Sinn, wenn bereits völlige Einigung unter den Ehegatten besteht. Andernfalls kommt es regelmäßig leichter zu Streitsituationen, deren Lösung oftmals nur noch durch das Gericht möglich ist, wofür dann später meistens doch ein zweiter Rechtsanwalt eingeschaltet wird, der nicht dadurch billiger wird, dass er erst später in das Geschehen eingreift.

Wer muss zahlen?

Bei finanziell gleich starken Partnern empfiehlt sich eine Kostenaufhebung. Das bedeutet, dass beide ihren eigenen Anwalt selbst bezahlen und von den Gerichtskosten je die Hälfte.

Je nach Finanzkraft kann auch eine andere Quote gewählt werden, dergestalt, dass sämtliche entstehenden Kosten „in einen Topf geworfen werden“, wobei der Schwächere beispielsweise ein Viertel und der Stärkere drei Viertel aller Kosten trägt.

Natürlich kann auch eine Kostenregelung unabhängig von der Finanzkraft vereinbart und mit den zu klärenden Sachfragen verknüpft werden, etwa in der Form, dass der eine Ehegatte beispielsweise den Pkw oder die Einbauküche erhält und dafür die Kosten des Scheidungsverfahrens trägt.

Achtung: Wichtig ist nur, dass eine für beide Parteien wirtschaftlich sinnvolle Lösung gefunden wird.

Beratungs- und Verfahrenskostenhilfe

Für Familien mit geringem oder ohne Einkommen, das heißt wo weder der eine noch der andere Ehegatte in der Lage ist, einen Rechtsanwalt zu bezahlen oder die Verfahrenskosten aufzubringen, gibt es die Möglichkeit der Beratungshilfe und der Verfahrenskostenhilfe (Prozesskostenhilfe bzw. „Armenrecht“).

Beratungshilfe beanspruchen

Beratungshilfe wird für das außergerichtliche Verfahren gewährt und ist insbesondere dann geeignet, wenn Sie eine Scheidung noch gar nicht unbedingt wollen, sondern sich erst einmal über die Möglichkeiten und Folgen einer Scheidung beraten lassen möchten.

Wenn Sie Beratungshilfe beanspruchen möchten, können Sie das direkt bei den Beratungshilfestellen des Amtsgerichts Ihres Wohnorts tun, welche mit Rechtsanwälten besetzt sind. Sie können jedoch auch zu einem frei gewählten Rechtsanwalt Ihres Vertrauens gehen, der für Sie den Beratungshilfeantrag stellen oder Sie auf Ihren Beratungshilfeschein beraten wird, falls Sie sich einen solchen direkt beim Amtsgericht geholt haben.

Wer die Verfahrenskostenhilfe beantragt

Für das Gerichtsverfahren kann Verfahrenskostenhilfe gewährt werden. Die Verfahrenskostenhilfe wird Ihr Rechtsanwalt für Sie beantragen. Wichtig für Sie ist jedoch, dass Sie möglichst früh auf Ihre ungünstige finanzielle Lage hinweisen und diese nicht aus Angst davor verschweigen, dass der Anwalt Ihren Fall deswegen nicht bearbeiten wird, weil Sie beispielsweise Sozialhilfeempfänger sind.

Es ist anwaltliche Berufspflicht, Beratungs- bzw. Verfahrenskostenhilfemandate zu übernehmen. Viele Rechtsanwälte, darunter auch bekannte Kanzleien, bearbeiten derartige Mandate sogar recht gern, obwohl sie dafür regelmäßig weniger Geld bekommen, dieses aber sicher und schnell aus der Staatskasse kommt.

Wichtig: Für die Beantragung der Verfahrenskostenhilfe ist eine Auskunft über Ihre persönlichen und wirtschaftlichen Verhältnisse erforderlich, die belegt werden müssen. Bei Sozialhilfeempfängern reicht der letzte Sozialhilfebescheid.

7.

Ehevertrag oder Scheidungsvereinbarung

Ehevertrag kurz vor der Scheidung?

Eheverträge werden – wenn auch regelmäßig zu Beginn der Ehe – gerade für den zu diesem Zeitpunkt hypothetischen Fall der Scheidung geschlossen. Der Abschluss eines Ehevertrags soll die potenzielle Scheidung vereinfachen und beschleunigen. Wann daher ein Ehevertrag geschlossen wird, ist insoweit gleichgültig. Wird jeder Punkt in einem Scheidungsverfahren ausgestritten, beansprucht dies nicht nur unter Umständen mehrere Jahre Zeit, sondern verursacht ganz erhebliche Kosten. Man versucht daher seitens der Gerichte und Anwälte, möglichst viele Punkte einvernehmlich zu regeln.

Häufig wird dies jedoch in einer Scheidungsvereinbarung relativ spät, oft sogar erst im Scheidungstermin getan. Eine Scheidungsvereinbarung ist aber nichts anderes als ein Ehevertrag.

Die Grenzen sind fließend, wann man noch von einem Ehevertrag spricht und wann bereits von einer Scheidungsvereinbarung. Der wesentliche Unterschied liegt weniger im Inhalt, sondern im Zeitpunkt des Abschlusses.

Viele Fälle, in denen eine Ehe auseinandergeht, beginnen so, dass sich die Partner zunächst einmal streiten, während sie noch zusammenleben. Dann kommt es irgendwann zur Trennung, die Spannung lässt nach und die Parteien vertragen sich wieder besser. Dies ändert sich dann aber oft wieder, je näher die Scheidung rückt.

Diese positive Stimmung, welche unmittelbar nach der Trennung entsteht, sollte zur Herbeiführung eines Ehevertrags genutzt werden, der – um die Emotionen nicht wieder hochzuschaukeln – gerade nicht wie eine Scheidungsvereinbarung voll auf die Scheidung abgestimmt sein, sondern in der neutraleren Fassung eines Ehevertrags gehalten werden sollte. Der Ehevertrag kann dann wie eine Scheidungsvereinbarung im Scheidungstermin vorgelegt werden.

Die Kosten sind sowohl für den Ehevertrag als auch für die Scheidungsvereinbarung bei gleichem Regelungsgehalt relativ die gleichen.

Form des Ehevertrags bzw. der Scheidungsvereinbarung

Grundsätzlich herrscht auch im Eherecht – wie generell im deutschen Privatrecht – Vertragsfreiheit. Zudem ist grundsätzlich Formfreiheit gegeben.

Den Kern eines Ehevertrags wird aber regelmäßig die güterrechtliche Regelung bilden, und gemäß § 1410 BGB ist insoweit notarielle Beurkundung erforderlich. Seit der Unterhaltsrechtsreform bedürfen auch Unterhaltsvereinbarungen vor einer Scheidung der notariellen Beurkundung. Der Gang zum Notar ist daher unvermeidbar.

Zusätzlich sollte ein Ehevertrag von einem Rechtsanwalt unter besonderer Berücksichtigung der Interessen beider Parteien ausgearbeitet werden, gerade wenn eine Scheidung bevorsteht, der dann dem Notar zur Beurkundung vorgelegt wird. Die Materie ist zu komplex, als dass ein Laie selbst einen Ehevertrag entwerfen und dann dem Notar zur Beurkundung vorlegen könnte. Selbstverständlich verfügen auch Notare über die entsprechende Kenntnis zur Fertigung eines Ehevertrags. Es ist jedoch als Beurkundungsorgan nicht Aufgabe des Notars, auf die speziellen Interessen der vertragsschließenden Parteien einzugehen. Der Notar wird in erster Linie beurkunden und aufklären.

> ***Praxis-Tipp:***
>
> *Damit der Ehevertrag die Scheidung erleichtert oder gar verhindert, ist der Gang zum Rechtsanwalt, der den Vertrag auf Ihre beiderseitigen Interessen zuschneidet, unumgänglich.*

Die Scheidungsvereinbarung wird vom Rechtsanwalt nach der Interessenlage der Parteien entworfen und von diesen unterschrieben. Dann wird die Scheidungsvereinbarung später im Scheidungstermin zu gerichtlichem Protokoll gegeben.

Vertragsabschluss: Das sollten Sie berücksichtigen!

Bevor Sie einen Ehevertrag abschließen oder eine Scheidungsvereinbarung treffen, sollten Sie bedenken, welche Punkte darin aufgenommen und was genau darin geregelt werden soll.

Regelungsinhalte

Das theoretische Spektrum dessen, was in einem Ehevertrag oder einer Scheidungsvereinbarung geregelt werden kann, ist groß, nämlich alles, was nur irgendwie mit der Ehe bzw. deren Scheidung zusammenhängt. Sinnvollerweise sollte ein Ehevertrag sich jedoch auf die wesentlichen Regelungsbereiche beschränken, und – sofern eine Scheidung bevorsteht – auf die „Abwicklung" der Ehe gerichtet sein.

Unterhalt

Nicht fehlen darf in einem Ehevertrag oder einer Scheidungsvereinbarung eine Klausel über den Unterhalt:

- Wer bezahlt in welcher Form Unterhalt?
- Was zählt alles zum Unterhalt?
- Wie hoch darf oder muss der Unterhalt sein?
- Wie sieht es mit dem Unterhalt noch vor und nach der Scheidung aus?
- Kann Unterhalt ausgeschlossen werden?
- Welche Unterhaltsansprüche haben die Kinder?

Das Güterrecht

Die zentrale Vorschrift des Ehevertrags oder der Scheidungsvereinbarung wird oft die güterrechtliche Regelung bilden. Das heißt Vereinbarungen darüber, wem das Haus, die Aktien, der Schmuck und das Bankguthaben gehören, ob und inwieweit der eine Ehepartner für die Schulden des anderen haftet. Das Gesetz gibt insoweit drei Güterstände vor.

Zum einen den gesetzlichen Güterstand der Zugewinngemeinschaft, der automatisch gilt, wenn ehevertraglich nicht wirksam etwas anderes vereinbart ist. Ferner die Gütergemeinschaft und die Gütertrennung.

Diese drei Typen von Güterständen sind zwar vom Gesetzgeber wahlweise vorgegeben, können aber durch Ehevertrag in gewisser Weise aufgeweicht beziehungsweise gemischt werden. In einer Scheidungsvereinbarung kann davon abgewichen werden, beispielsweise indem beide Ehegatten auf eventuelle Zugewinnausgleichsansprüche verzichten und den Verzicht gegenseitig annehmen.

Vermögensverwaltung – Firma – Unternehmen

Von einer güterrechtlichen Regelung zu unterscheiden ist die Frage danach, wie das Vermögen angelegt und die Schulden verteilt werden sollen. Es muss auch geklärt werden, inwieweit ein Ehegatte in die Firma, das Unternehmen oder die Unternehmensbeteiligung des anderen involviert ist oder sein darf und wie dies wieder aufgelöst werden kann. Hier sind vor allem auch die Belange der Firma oder des Unternehmens zu berücksichtigen.

Alterssicherung

Besonders bedeutsam für den nicht berufstätigen Teil ist eine Regelung über die Alterssicherung:

- Sollen für ihn Rentenbeiträge bezahlt werden?
- Bei welchem Versorgungsträger?
- Oder ist es vielleicht besser, noch eine Lebensversicherung abzuschließen?
- Wie sieht es nach der Scheidung mit den Beitragszahlungen aus?

Versorgungsausgleich

Der Versorgungsausgleich betrifft ebenfalls die Frage nach der Alterssicherung. Es handelt sich dabei um ein vom Gesetzgeber detailliert geregeltes Institut zum Ausschluss von Nachteilen bei der Altersversorgung im Fall einer Scheidung. Regelungen sind insoweit auch und gerade bei jungen Ehen oft sinnvoll. Durch den Versorgungsausgleich kann sich die Scheidung besonders lange hinziehen.

Steuerrechtlich relevante Regelungen

Insbesondere im Unterhalts- und Güterrecht gibt es zahlreiche Möglichkeiten, wie sich Ehegatten auf legalem Weg große Steuervorteile verschaffen können. Für den Fall der Scheidung gilt es diese zu sichern.

Auslandsberührung

Für Ehen mit Auslandsbezug, wenn also einer oder beide Ehegatten Ausländer sind, sollte – wenn möglich – eine Rechtswahlvereinbarung getroffen werden. Denn ist eine Auslandsberührung gegeben, kann es sein, dass kraft Gesetzes das ausländische Recht zur Anwendung kommt, also nicht das deutsche, was unter Umständen nicht gewollt ist und die Scheidung durch ausländische Rechtsgutachten verteuert und langwierig macht.

Es kann aber unter gewissen Voraussetzungen für manche Bereiche die Anwendung deutschen Rechts gewählt werden. Ebenso kann es sein, dass kraft Gesetzes deutsches Recht Anwendung findet, die Ehegatten aber das Recht des ausländischen Staates wählen wollen, weil dies auf ihre Scheidung besser zugeschnitten ist. Auch dies ist in gewissen Grenzen möglich.

Näheres zu diesem Thema in Kapitel 8.

Erbrechtliche Regelung

Nicht mehr speziell unter den Regelungsbereich eines Ehevertrags und schon gar nicht einer Scheidungsvereinbarung fallen Verfügungen von Todes wegen, also erbrechtliche Regelungen. Hier empfiehlt sich – falls ausnahmsweise auch der geschiedene Ehegatte noch im Erbfall bedacht werden soll – ein zusätzliches Vertragswerk. Andernfalls scheidet der geschiedene Ehegatte automatisch aus der Erbfolge aus.

Checkliste: Inhalt eines Ehevertrags/einer Scheidungsvereinbarung

- Unterhalt
- Vermögen/Unternehmen
- Versorgungsausgleich
- Auslandsberührung
- Güterrecht

- Alterssicherung
- Steuerrechtlich relevante Regelungen
- Erbrechtliche Regelung

Praxis-Tipp:

- *Wichtig für die Kosten: Nicht alle Positionen sind regelungsbedürftig. Es sollten nur die Bereiche geregelt werden, in denen für Ihre Ehe und deren Scheidung ein Bedarf besteht.*
- *Und denken Sie daran, dass zu einem Vertragsschluss Ihr Partner seine Einverständniserklärung geben muss.*

In einem Ehevertrag kann nicht jede beliebige Vereinbarung getroffen werden. Die Grenze bilden die Grundsätze der Sittenwidrigkeit.

Beispiel:

Zur Wirksamkeit des ehevertraglichen Ausschlusses von Unterhalt und Versorgungsausgleich vgl. BGH, Urteil vom 31.10.2012 (Az. XII ZR 129/10, NJW 2013, 380).

8.

Scheidung mit Auslandsbezug

Ehetypen mit Auslandsberührung

Ehen mit Auslandsberührung kommen in mehreren Spielarten vor. So gibt es Ehen zwischen Deutschen und Nichtdeutschen. Dann gibt es Ehen zwischen zwei Ausländern gleicher Staatsangehörigkeit, die in Deutschland leben, oder zwischen zwei Ausländern verschiedener Staatsangehörigkeit, die in Deutschland leben. Das deutsch-ausländische Ehepaar wird ein Interesse daran haben, insbesondere zum Zweck der Rechtsklarheit deutsches Recht zu wählen. Ebenso kann der ausländische Ehegatte seinem Kulturkreis so verbunden sein, dass er das Recht seines Staats wählen möchte.

Bei zwei Ausländern gleicher Staatsangehörigkeit, auf deren Ehe grundsätzlich das Recht des ausländischen Staates anwendbar wäre, kann die Tatsache, dass sie nunmehr in Deutschland leben und sich der deutschen Kultur anpassen wollen, Motiv für eine Rechtswahl zugunsten des deutschen Rechts sein. Eine Scheidung vor den deutschen Gerichten nach ausländischem Recht ist im Vergleich zu einer Scheidung nach deutschem Recht regelmäßig nicht nur schwieriger, sondern aufgrund möglicher notwendiger Rechtsgutachten und Übersetzungen auch einiges teurer. Nicht zuletzt kann das ausländische Ehepaar in Deutschland bereits geboren und aufgewachsen sein, sodass die ausländische Staatsangehörigkeit nur eine Formalität ist.

Bei gemischt ausländischen Ehen wird die Wahl auf das vereinende deutsche Recht fallen, zumal wenn sie in Deutschland leben.

Achtung: Die Rechtswahl muss notariell beurkundet oder im Scheidungstermin zu gerichtlichem Protokoll gegeben werden. Wird sie nicht im Inland vorgenommen, genügt es, wenn sie den Formerfordernissen für einen Ehevertrag nach dem gewählten Recht oder am Ort der Rechtswahl entspricht.

Rom III-Verordnung

Im Juni 2012 ist die sogenannte Rom III-Verordnung in Kraft getreten. Diese regelt für eine Vielzahl europäischer Unterzeichnerstaaten, darunter auch Deutschland, welches Recht im Fall einer Ehescheidung mit Auslandsbezug zur Anwendung kommt.

Haben die Ehegatten keine einvernehmliche Rechtswahl getroffen, unterliegt ihre Scheidung seit der Gültigkeit der Rom III-Verordnung dem Recht des Staats, in dem die Ehegatten zum Zeitpunkt der Anrufung des Gerichts ihren gewöhnlichen Aufenthalt haben.

Das bedeutet, dass beispielsweise die Scheidung eines Italieners von einer Französin, die beide in Deutschland leben, nach deutschem Recht stattfindet. Gleiches gilt aber auch für die Scheidung von zwei französischen Ehegatten, die in Deutschland leben.

Scheidung innerhalb des Kulturkreises

Hat Ihre Ehe starken Auslandsbezug, vor allem zum außereuropäischen Ausland, ist über eine Scheidung vor einem ausländischen Gericht nachzudenken. Unter Umständen wird das Recht eines ausländischen Staats Ihre Scheidung erleichtern oder mehr im Sinne Ihrer Weltanschauung sein als eine Scheidung nach deutschem Recht. Bei all diesen Gedanken muss Ihnen jedoch zweierlei bewusst sein.

Zum einen heißt eine Scheidung vor einem ausländischen Gericht nicht, dass diese von den deutschen Behörden automatisch anerkannt wird. Bei einer Scheidung in einem der Staaten der Europäischen Union ist dies zwar nur eine Formalität. Eine Scheidung vor einem Gericht eines islamischen Staats wird in Deutschland dagegen wohl selten anerkannt werden.

Zum anderen wird international ein sogenanntes „Forum Shopping“ missbilligt, das heißt die Auswahl des Rechts eines Staats ohne Bezug zu diesem Staat, nur weil man sich von den Gerichten dieses Staats eine für sich günstigere Entscheidung erhofft, wird ungern akzeptiert.

Wichtig: Eine Scheidung vor dem Gericht eines ausländischen Staats ist im Allgemeinen nur zu empfehlen und darüber hinaus oftmals auch nur zulässig, wenn ein starker Bezug zu dem Staat durch die Staatsangehörigkeiten der Ehegatten besteht und die Ehegatten ohnehin beabsichtigen, Deutschland demnächst zu verlassen. Im Einzelfall kann die Prüfung durch einen Fachmann allerdings zu einem anderen Ergebnis führen.

9.

Scheidungswunsch widerrufen

Scheidungsantrag zurücknehmen

Als letzten Schritt sollten Sie sich natürlich noch einmal überlegen, ob Sie mit einer Scheidung den richtigen Weg gehen.

Sind Sie derjenige, der den Scheidungsantrag eingereicht hat, können Sie diesen in jeder Phase des Verfahrens wieder zurücknehmen. Sie können also noch gewissermaßen „die Notbremse ziehen".

Aber: Die bis dahin bereits entstandenen Rechtsanwaltsgebühren und Gerichtskosten sind zu tragen.

Zustimmung zur Scheidung widerrufen

Waren nicht Sie derjenige, der das Scheidungsverfahren eingeleitet hat, haben der Scheidung aber in einer schwachen Stunde zugestimmt, können Sie auch diese Zustimmung in jeder Lage des Verfahrens widerrufen.

10.

Schnell-Checkliste Scheidung

Schnell-Checkliste Scheidung

Der folgende Überblick gibt Antworten auf die wichtigsten Fragen, die Sie im Zusammenhang mit einer Scheidung beschäftigen. Prüfen Sie, ob Sie alle Punkte bereits bedacht haben.

Scheidung

Scheidung bedeutet die Aufhebung der einst geschlossenen Ehe.

Folgesachen

- Welcher Ehegatte zahlt dem anderen Ehegatten wie viel Unterhalt?
- Wer zahlt wie viel Unterhalt für die Kinder?
- Wie wird der Hausrat (die Haushaltsgegenstände) aufgeteilt?
- Wer bleibt in der Ehewohnung oder was soll mit dieser geschehen?
- Wie viel oder was bekommt jeder vom Vermögen?
- Kann das gemeinsame Sorgerecht praktiziert werden oder wer erhält sonst das alleinige Sorgerecht?
- Wie wird der Umgang des anderen mit den Kindern vereinbart?
- Wie wird die Altersrente gesichert?

Wann Sie sich scheiden lassen können

- Scheitern der Ehe
- Zerrüttungsprinzip: Die Ehe ist gescheitert, wenn die Lebensgemeinschaft nicht mehr besteht und nicht erwartet werden kann, dass sie wiederhergestellt wird.

Mindesttrennungsdauer

- Ein Jahr: Einverständnis des anderen oder positive Feststellung der Zerrüttung erforderlich
- Drei Jahre: Kein Einverständnis des anderen oder positive Feststellung der Zerrüttung mehr erforderlich
- Ausnahme: Fortsetzung der Ehe würde unzumutbare Härte bedeuten, dann entfällt Mindesttrennungsdauer und sofortige Scheidung ist möglich

- Krasser Ausnahmefall: Scheidung zur Unzeit bei schwerer Härte für gemeinsame minderjährige Kinder oder den nicht scheidungswilligen Ehegatten

Trennung von Tisch und Bett

- Getrenntleben, das heißt Aufgabe der häuslichen Gemeinschaft unter Verneinung der ehelichen Lebensgemeinschaft
- Grundsatz der totalen Trennung
- Trennung innerhalb der gemeinsamen Wohnung möglich
- Versöhnungsversuch unschädlich

Beweise für die Scheidung sichern

- Nachweis der Heirat
- Nachweis der Personenidentität
- Nachweis der Trennungsdauer
- Umfassende Kenntnisse über die Einkünfte des anderen
- Transparenz der Vermögensverhältnisse des anderen
- Verzeichnis über die Gegenstände des anderen
- Dokumentation vorwerfbarer Verhaltensweisen

Fahrplan für das Trennungsjahr aufstellen

- Rechtsanwalt aufsuchen
- Scheidungsvereinbarung treffen oder Ehevertrag schließen
- Scheidung einreichen
- Scheidungsantrag zustimmen
- Versorgungsausgleich vorbereiten
- Scheidungstermin einplanen
- Ort des Gerichtsverfahrens berücksichtigen

Was bereits im Trennungsjahr gerichtlich geklärt werden kann

Unterhalt

- Trennungsunterhalt verlangen
- Trennungsunterhalt berechnen und vereinbaren
- Kindesunterhalt vereinbaren

Sorgerecht und Umgangsrecht

- Sorgerecht bzw. Umgangsrecht vereinbaren
- Mit dem Jugendamt zusammenarbeiten

Ehewohnung und Hausrat

- Klären, was aus der Ehewohnung wird
- Hausrat aufteilen

Vermögen und Schulden

- Verteilung des Vermögens zwischen den Ehegatten
- Zugewinn berechnen; Gütertrennung, Gütergemeinschaft
- Schulden beachten

Altersrente sichern

Ist der Versorgungsausgleich angemessen?

Der richtige Zeitpunkt, einen Anwalt aufzusuchen

Am besten so früh wie möglich!

Kosten

- Verfahrenskostenvorschuss vom Ehegatten verlangen
- Klären, wer die Kosten der Scheidung zu bezahlen hat
- Beratungshilfe oder Verfahrenskostenhilfe beantragen

Einvernehmliche Regelung

Ehevertrag oder Scheidungsvereinbarung aushandeln

Bei Auslandsbezug

- Unterschied bei Scheidung der Ehe mit einem Ausländer/einer Ausländerin beachten
- Scheidung im Ausland prüfen

„Für eine Versöhnung ist es nie zu spät“

Scheidungsantrag und Zustimmung können bis kurz vor dem Urteil zurückgenommen werden

Hilfreiche Adressen

Stellen, die Adressen spezialisierter Rechtsanwälte vermitteln

Anwalt-Suchservice
Gustav-Heinemann-Ufer 58
50968 Köln
Tel.: 0221/9373803
Fax: 0221/93738961
Internet: www.anwalt-suchservice.de
Vermittelt bundesweit dem Suchservice angeschlossene Rechtsanwälte.

Deutsche Anwaltauskunft
Internet: www.anwaltauskunft.de
Vermittelt bundesweit der Anwaltauskunft angeschlossene Rechtsanwälte.

Deutscher Anwaltverein (DAV) e. V.
Littenstraße 11
10179 Berlin
Tel.: 030/726152-0
Fax: 030/726152-190
Internet: www.anwaltverein.de
Hier erfahren Sie auch die Adresse des örtlichen Anwaltvereins in Ihrer Nähe.

Weitere wichtige Anlaufstellen

- Die Standesämter sind für Fragen des Personenstands zuständig. Dort werden das Heiratsregister und die Familienbücher geführt.
- Die Botschaften und Konsulate der ausländischen Staaten geben Auskünfte zu dem jeweiligen Heimatrecht.

- Bei der Vermittlung eines Notars ist Ihnen Ihr Rechtsanwalt behilflich.
- Ein Rentenberater kann Ihren Rentenstatus klären.

Stichwortverzeichnis

11